*E. 1131   De Vé

Double p^{er}

Ingenio Adolescenti Ludovico
Le grand qui primum interpre-
tationis Gallicæ prooemium
præstitit ac constructus est
Anno Dedi 1703

M. L. Rigault reg. S. J.

*E
3151
c

2012-33158

L'ART
DE FORMER L'ESPRIT
ET
LE CŒUR
D'UN
PRINCE.
SECONDE EDITION.

P. Seuin del.   L. Boudan f.

A PARIS,
Chez la Veuve de CLAUDE THIBOUST,
ET
PIERRE ESCLASSAN, Libraire-Juré
& ordinaire de l'Université, ruë Saint Jean
de Latran, vis-à-vis le College Royal.

M. DC. LXXXVIII.
AVEC PRIVILEGE DV ROY.

A

MONSEIGNEUR
LE DUC
DE BOURGOGNE.

ONSEIGNEUR,

Comme vôtre âge vous

ã ij

EPITRE.

permettra bien-tôt d'avoir commerce avec les Auteurs, vous les verrez dans peu de temps venir tous en foule se jetter à vos pieds, & vous faire hommage des plus belles productions de leur esprit. Ce beau feu qu'ils verront briller dans vos yeux les animera à bien écrire; & le desir qu'ils auront de plaire à un Prince si rempli des dons du Ciel, leur tiendra lieu de génie, les soûtenant dans toutes les fatigues

EPITRE.

d'une longue composition, & leur inspirant des sentimens dignes de celuy dont ils tâcheront de mériter l'estime. Vous pouvez déja, MONSEIGNEUR, vous regarder comme la seule Divinité, que tous nos Ecrivains François vont invoquer dans leurs Ouvrages. De l'humeur dont je les connois, ils ne voudront d'autre Apollon que vous, ni d'autres Lauriers que ceux que vôtre main leur présentera. J'a-

EPITRE.

vouë de bonne foy, MONSEIGNEUR, *que je vous dois tout ce qu'il y a de bon dans cét Art de former l'esprit & le cœur d'un Prince, que je consacre à vos premieres années. Vous avez été toûjours présent à mon esprit. J'ay consulté vôtre cœur aussi souvent que le mien, & c'est sur ce que vous serez un jour, que j'ay tâché de dire ce que doit être un grand Prince. Mais quelque grande que soit l'idée que j'en ay*

EPITRE.

tracée, vous la surpasserez; & je n'ay garde de me flater d'y avoir renfermé toutes les belles qualitez que vous ramasserez en vôtre personne. Tous ceux qui doivent avoir l'honneur de vous instruire, MONSEIGNEUR, auront cét avantage, de pouvoir exposer à vos yeux, ce qu'ils auront montré à vôtre Esprit. Aprés avoir fait tous leurs efforts pour vous donner l'idée d'un grand Prince, la plus parfaite

EPITRE.

qu'il se puisse. Iettez les yeux, MONSEIGNEUR, vous diront-ils, sur vôtre grand Pere. Vous verrez en luy quelque chose de plus grand, que tout ce que vous avez pû vous imaginer. Le Livre, favori, MONSEIGNEUR, que vous devez étudier avec toute sorte d'application, doit être la personne du Roy. Ce n'est pas l'étude de quelques mois, mais de plusieurs années. Plus on étudie un Héros aussi grand

EPITRE.

que luy, plus on trouve à y étudier. Et on n'y découvre jamais tant de perfections, qu'il n'en reste beaucoup à découvrir. Il est vray, MONSEIGNEUR, *que sans l'exemple de vôtre illustre Pere, vous auriez raison de douter, s'il peut y avoir de copie d'un Original aussi parfait. Mais trouvant en luy un digne Fils de* LOUIS LE GRAND, *& un Imitateur fidele de ce glorieux Monarque, vous*

EPITRE.

jugerez aisément, que ce qui est impossible à tous les autres hommes, ne l'est pas, ny à luy, ny à vous. L'incomparable Princesse qui fait les délices de la France & l'admiration de l'Europe, par la grandeur de son ame, par la pénétration & la solidité de son Esprit, par la finesse de son discernement, par la sagesse de sa conduite, & par les charmes de sa conversation, pourra encore occuper tres-utilement

EPITRE.

une bonne partie de vos heures. Vous apprendrez en la voyant le vray caractere de toutes les Vertus Chrétiennes, & sa présence sera pour vous une leçon continuelle de vertu, beaucoup plus efficace que toutes les instructions, qui vous viendront d'ailleurs. Ainsi, MONSEIGNEUR, *vos yeux auront plus de part à vôtre Education que tous vos Maîtres. Mais tandis que vous profiterez, & de ce que*

EPITRE.

vous verrez, & de ce que vous entendrez, je ne cesseray de faire des vœux au Ciel pour vôtre conservation.

AVERTISSEMENT.

LE succez d'un Livre donne du cœur, quelquefois même de l'esprit. Celuy-ci a été receu trop favorablement du public, pour n'engager pas l'Auteur à tâcher de remplir dans la suite les grandes idées qu'il y donne. Persuadé qu'il est, que dans la profession de vie où il se trouve, il ne sçauroit rendre un plus grand

AVERTISSEMENT.

service à l'Etat, que de contribuer quelque chose à l'education de ces aimables Princes, dont le Ciel nous a fait présent, il est résolu de consacrer à cela tout ce qu'il peut avoir de lumieres. S'il ne peut pas combattre pour eux, il veut écrire pour eux. Et s'il n'a pas la gloire de répandre pour leur service jusqu'à la derniére goûte de son sang, il aura au moins le plaisir d'épuiser en leur faveur, s'il est nécessaire, toutes les forces

AVERTISSEMENT.

de son esprit. Dans cette vüe il a trois ouvrages à exécuter, à peu prés selon la Méthode marquée dans cét art. Le premier doit estre *l'Histoire réduite à ses Principes*, c'est à dire aux plus importantes Maximes de Religion, de Morale & de Politique, dont un grand Prince doit avoir l'esprit rempli, & le cœur pénétré. Le second sera *la Philosophie du Prince*, où on aura soin de ne faire entrer aucune idée, qui ne soit

AVERTISSEMENT.

digne d'une ame de ce caractere. Le troisiéme s'appellera *la Religion du Prince*, où nous renfermerons tout ce qu'un Prince doit sçavoir de sa Religion, avec les sentimens qu'il faudra luy en inspirer. Comme dans tous ces ouvrages nous aurons continuellement le Prince devant les yeux, nous raporterons tout à ce but. Par là nous éviterons ce qui arrive pour l'ordinaire, à sçavoir, que les Livres qui portent à leur

AVERTISSEMENT.

leur tête le titre éclatant de Prince, font pour toute autre chose que pour l'usage des Princes. On se contente de grossir un volume, & voila tout. Pourveu que ce soit à la faveur d'une inscription magnifique, on se met peu en peine du reste. Mais nous ne sommes plus dans le siécle, où l'on jugeoit des Livres par les dehors, aujourd'huy on ne se paye pas des apparences, on veut voir le dedans; & si aprés l'avoir vû, on trouve que

AVERTISSEMENT.

l'exécution ne répond pas au deſſein, le public ne manque guére de ſe vanger de l'impoſture d'un auteur, qui ne tient pas ce qu'il promet. L'auteur eſpére qu'il ſera aſſez heureux pour ne pas tomber dans cette eſpéce d'infidélité. Dans les ouvrages qu'il médite, tout ſera pour le Prince. Ce n'eſt pas que ces ſortes d'ouvrages ne puiſſent être utiles aux perſonnes d'un ordre inférieur. Les Princes, quelque élevez qu'ils ſoient au

AVERTISSEMENT.

dessus des autres hommes, sont hommes comme les autres. Ils ont l'esprit ressemblant au nôtre, & le cœur de même. Ce qui les éclaire, peut nous éclairer, ce qui les touche, peut nous toucher. Si le Ciel n'a pas voulu que nous soyons tous nés Princes, il ne nous défend pas d'avoir des sentimens dignes d'un Prince. Ainsi tout le monde y trouvera dequoy s'instruire, chacun selon la portée ou de son esprit ou de sa condition, &

AVERTISSEMENT.

par conséquent ces ouvrages seront un bien public à double titre. Premiérement. Parce qu'ils pourront en quelque maniére servir d'instrument à l'éducation du Prince, qui est inséparable du bien public. En second lieu. Parce que les particuliers pourront en retirer quelque avantage. Cette seconde édition est un peu différente de la premiére, nous y avons ajoûté certaines réfléxions, qui rendront cét Art plus accompli.

L'Art

L'ART
DE FORMER L'ESPRIT
D'UN
PRINCE.

PREMIERE PARTIE.

IL n'eſt rien de plus grand que l'Education d'un Prince. Ceux à qui la Providence

A

2 L'Art de former
confie cet auguste employ, rendent plus de service au monde, que ces intelligences supérieures, qui donnent le mouvement au premier mobile, dont la mesure est la regle de toutes choses ; puis qu'en s'occupant à former l'Esprit & le Cœur du Prince, ils travaillent en même temps, & à la félicité des Peuples, & à la gloire de celuy qui fait regner les Souverains. L'Etat leur est redevable, du Vice puni, de la Vertu récompensée, des Loix maintenuës, des Provinces soûmises, des Batailles gagnées ;

car on peut dire, sans les flater, qu'ils jettent toutes les semences des Lauriers, qu'une main conquérante pourra recüeillir un jour. Mais s'il est infiniment glorieux de travailler à l'Education d'un Prince, il est extrémement difficile d'y réussir. Peu de gens sont capables de remplir ce poste. Un Esprit ordinaire ne suffit pas ; & si Dieu a jugé à propos, de donner aux Princes pour leur garde, des Anges du premier ordre, n'est-il pas juste qu'ils ayent auprés d'eux pour les instruire, des Génies du premier rang. Les sentimens qu'on doit leur inspirer, & qui doivent être proportionnez à leur condition, ne tombent pas dans les Ames vulgaires. Ce qui est grand dans le cœur d'un Particulier, cesse bien-souvent de l'être dans celuy d'un Souverain; & les lumieres qui suffisent pour conduire les autres, sont trop foibles pour l'éclairer.

II.

Il est donc necessaire, que celuy qui prétend réüssir dans l'Education d'un Prince, s'éleve au dessus de luy-même ; & que se dépoüillant de l'homme particulier, il se revête en quelque façon du caractere de la Souveraineté, pour ne penser & ne parler qu'en Souverain. Il faut que par la force de son génie, il se mette autant au dessus de son Eleve, que son Eleve est au dessus de luy, par le droit de sa naissance. Vous m'avoüerez qu'il n'est pas permis à tout le monde d'arriver à ce point de sublimité & d'élevation ; & que si la Nature ne nous y a déja conduits, ou du moins si elle ne nous a fait faire une grande partie du chemin, l'Art quelque ingénieux qu'il soit, ne sçauroit en venir à bout.

III.

Le Ciel, il est vray, prend soin de mettre dans ces Ames destinées à être les maîtresses du monde, je ne sçay quelles semences de vertu, qu'on ne voit pas dans le commun des hommes. Elles sortent, pour ainsi dire, en meilleur état des mains de leur Créateur; & comme elles sont sans contredit les plus parfaites copies de ce divin Original, elles ont aussi certains traits particuliers, qui les distinguent. Mais ces traits, si l'on n'y prend garde, sont bien-tôt effacez, & ces semences étouffées, par l'orgüeil, par la molesse, & par la flaterie, défauts presque inséparables de la personne des Princes ; de maniere que par un sort digne de compassion, leur état qui les fait naître dans la grandeur, ne sert bien-souvent qu'à les faire vivre, & mourir dans le vice. Or quelle adresse & quelle supériorité de

A iiij

génie ne faut-il pas, pour inspirer de la fierté à un jeune Prince, sans que le poison secret de l'orgüeil s'y mesle, pour le conserver au milieu des plaisirs, sans que son cœur s'amolisse, & pour l'empêcher de tomber dans les piéges, qu'une foule de flateurs, sous prétexte de faire leur Cour, luy tendent sans cesse.

IV.

Mais de tous les obstacles à l'Education dont nous parlons, le plus considérable à mon sens, est cét Esprit de Souveraineté & d'indépendance qui paroît dans les Princes, dés qu'ils commencent à se sentir. Accoûtumez qu'ils sont déz le berceau, à voir tout le monde à leurs pieds, ils ne peuvent s'imaginer que ceux qu'ils regardent comme leurs Esclaves, puissent être leurs maîtres. De là vient que le joug de l'instruction leur paroît insupportable, qu'il leur fâche d'obeir à ceux à qui ils ont droit de commander, & de recevoir des leçons de ceux-là mêmes à qui ils font la loy. Cependant c'est à celuy, qui doit répondre au Public de leur bonne, ou mauvaise éducation, à trouver le secret de leur rendre ce joug agréable, à faire une heureuse alliance de la qualité de Sujet avec celle de Maître, & à se tenir toûjours dans le respect qu'il leur doit, sans rien perdre de l'autorité dont il a besoin. Ce point est d'autant plus difficile, que les préceptes n'y peuvent rien ; & que tout dépend d'un je ne sçay quoy, que tres-peu de gens ont reçû de la nature.

V.

Il y a deux choses principalement à former dans un Prince, l'Esprit & le Cœur. On doit luy former l'Esprit par l'étude des Sciences propres de son état, & on doit luy former le Cœur par les nobles sentimens qu'il faudra luy inspirer. Pour cét effet vous commencerez par luy donner une idée de châque chose, la plus vraye & la plus juste qu'il se pourra; afin qu'agissant selon cette idée, il ne vienne pas, ou à se tromper dans ses jugemens, ou à s'égarer dans ses poursuites. Je vois bien que vous aurez d'abord à combattre une foule de faux préjugez, dont l'Esprit d'un jeune Prince est ordinairement embarrassé : soit que cela vienne, partie de la foiblesse de son âge, partie de la nature même de sa condition. Mais ne vous rebutez pas, la vérité, si vous la sçavez mettre dans tout son jour, l'emportera sur la force des préjugez.

VI.

Le premier âge est ordinairement un âge de docilité & de souplesse. C'est aussi pour lors qu'on doit commencer à jetter les solides fondemens d'une bonne éducation. A cét âge il n'y a point de temps à perdre. Il faut ménager tous les momens. Prenez entre vos mains l'Esprit du Prince, & ne l'abandonnez pas que vous ne l'ayez mis en état de recevoir sans peine toutes les bonnes impressions que vous voudrez luy donner. Retranchez, détruisez, & s'il est besoin d'une nouvelle création, tâchez de devenir Créateur. Que si vous trouviez un esprit indocile & peu traitable, cela vous occupera. Il faudra pourtant le réduire. L'indocilité est incompatible avec l'éducation. Mais prenez garde, qu'en voulant plier l'arbre, vous ne le rompiez. Persuadez vous que cette réduction n'est pas l'ouvrage de la violence ny de la force, mais de la douceur & de l'adresse. Les Princes ont je ne sçay quel fonds de raison qui ne se trouve pas ailleurs, servez-vous-en pour venir à bout de vos entreprises. Disposez si bien toutes choses, que le Prince se voye obligé malgré luy à donner dans ce que vous prétendez. Pour cela il faut prendre vos mesures de loin, afin qu'il ne puisse pas s'appercevoir du personnage que vous joüez. Ce sont des finesses, qu'on peut appeller des coups de Maistre, puisqu'il n'y a que les seuls habiles Maistres qui en soient capables. En matiere d'éducation, comme en fait de guerre, on gagne par l'artifice, ce qu'on ne sçauroit emporter par la force.

VII.

La raison dans les Princes se produit bien-tost. Ils sont hommes de meilleure heure ; & on diroit que la nature se hâte de les rendre capables d'instruction. Etant destinez au gouvernement des Peuples, qui est le chef-d'œuvre de la raison humaine, ils sont raisonnables dans un âge, où à peine les autres commencent à connoître qu'ils sont au monde. C'est un effet de la Providence qui prend plaisir à former elle-mesme ces maîtres de l'Univers. Et c'est aussi ce qui doit vous obliger à tenir à l'égard du Prince une conduite toute particuliere. Ne jugés pas de luy par son âge, vous pourriés vous y tromper. Ne vous

vous réglés que sur la portée de son Esprit, dont vous aurez mesuré au juste toute l'étenduë. Il est arrivé que des enfans n'ont point réussi, par ce qu'on a voulu les conduire en enfans; & il est presque également dangereux de leur dire des choses qui soient ou au dessus, ou au dessous de leur génie. Mais aussi ne vous laissés pas éblouir à un certain brillant, sur qui les Maîtres quelquefois comptent un peu trop. Le brillant passe, songés au solide. Distinguez deux sortes d'esprits, un esprit propre pour le commerce du monde, & un esprit propre pour l'étude, l'un ne va pas toûjours de pair avec l'autre. Il se voit des gens qui brillent dans les compagnies, & qui sont fort sombres dans le cabinet. Voulez-vous que le Prince conserve au milieu de l'étude toute la vivacité d'esprit, qu'il fera paroître ailleurs, vous n'avez qu'à luy rendre l'étude aussi agréable que la conversation. Le plaisir est le grand assaisonnement de l'étude.

VIII.

Les Princes ne devroient

rien ignorer ; quand ce ne seroit, que pour avoir le plaisir d'être en tout sens au dessus des autres. Cependant comme s'ils n'étoient pas faits pour les sciences, ils ont un certain dégoût pour tout ce qui sent l'érudition, qui semble leur être naturel ; de sorte que l'étude ne pouvant avoir pour eux les mêmes attraits qu'il a pour les autres, ce dégoût devient en eux presque insurmontable. La plûpart des gens n'embrassent l'étude avec ardeur, que parce qu'ils la regardent comme un moyen tres-propre à se tirer de la foule, ou en se faisant une belle réputation, ou en se procurant une meilleure fortune. Les Princes n'ont point de plus haute fortune à espérer, que celle dont ils joüissent, & sans être sçavans, ils ne laissent pas d'être honorez. Ce n'est pas qu'on ne puisse, & qu'on ne doive même par toute sorte d'artifices, leur rendre l'étude agréable & la leur faire goûter ; d'autant que l'étude qu'on fait sans goût, est pour l'ordinaire aussi inutile, qu'elle est ennuyeuse.

IX.

Ce qu'il y a de plus rebutant dans l'étude des Sciences sont les premiers Elémens. Il seroit à souhaiter qu'on peut épargner aux Princes la peine de passer par un chemin si étroit & si difficile ; mais c'est une loy également faite pour tous, que pour arriver aux grandes choses, il faut commencer par les petites. Tout ce qu'on peut faire en leur faveur, est de semer quelques fleurs sur leurs pas, afin que le chemin leur paroisse un peu moins rude.

On ne sçauroit s'imaginer combien c'est une chose fâcheuse à un cœur fait pour regner, de descendre & de s'abaisser jusqu'à des minuties. Et c'est pour cela sans doute qu'on a remarqué quelquefois, que les plus grands Esprits sont ceux, qui ont le plus de peine à devorer ces premiers commencemens. Ne vous rebutez donc pas, quelque horreur que le jeune Prince témoigne avoir pour toutes ces choses. Cette grande aversion peut estre la marque d'une grande Ame.

X.

Vous mettrez pourtant tout en œuvre pour la vaincre, persuadé que cette espéce de victoire dépend uniquement de vôtre industrie. Gardez-vous de géner tant soit peu l'esprit du Prince, par une maniere de luy expliquer les choses trop séche & trop tenduë. La géne en matiere d'étude ne sert qu'à étourdir l'esprit, ou à le révolter. Affectez de ne jamais luy rien proposer, où il ne puisse entrer d'abord sans beaucoup de peine; autrement la trop grande résistance qu'il trouveroit, seroit capable de le mettre de mauvaise humeur, ce qu'on ne sçauroit éviter avec trop de soin, toute mauvaise humeur étant ennemie de l'étude. Accommodez-vous à sa portée. Trouvez le secret de l'appliquer, sans qu'il s'en apperçoive; & faites en sorte qu'il étudie, lors même qu'il croit faire tout autre chose. Ainsi l'étude luy paroîtra un divertissement, & il se fera un jeu de son application. Ce point est un des plus importans, & des plus difficiles à executer : de fort habiles gens n'y viendront jamais. Il est de certains génies, qui ne peuvent se défaire de leur grandeur; je veux dire, qui ne sçauroient ajuster & proportionner leurs idées, à la foiblesse de ceux qu'ils ont à instruire. Ces sortes de gens doivent renoncer de bonne-heure, au métier de l'éducation. Mais il y a des génies d'une autre espéce, qui quelque grands qu'ils soient, deviennent petits quand ils veulent; & qui sçavent, si l'on peut parler de la sorte, voler également, & dans la plus haute région de l'air, & dans la plus basse.

XI.

Il est temps, que nous en venions au détail, & que nous examinions de plus prés, tout ce qu'il faut régulierement observer, pour ne pas s'égarer dans la conduite d'un jeune Prince. Si jamais le Ciel vous met entre les mains un employ de cette importance; la premiere chose que je vous recommande, est d'étudier incessamment vôtre Prince. Un Prince est toûjours un beau livre, & la plus belle de toutes les études est de s'appliquer à le connoître. Il vous en coûtera à la vérité. Comme il se voit établi de Dieu pour gouverner les autres, & que l'art de dissimuler, est une des principales parties de celuy de regner ; il sçaura se cacher & se dérober à vos yeux. Prenez donc garde, qu'il ne vous devienne impénétrable, & qu'il ne soit une Enigme à vôtre égard. Suivez-le pas-à-pas. Soyez attentif aux moindres choses. Que rien ne vous échape. En un Prince tout est de présage. Le plus sûr moyen seroit, de devenir le dépositaire de son cœur; mais il est bien difficile, que la qualité de Maître dont il vous verra revétu, luy permette jamais de reconnoître en vous celle de son confident.

XII.

Il ne sera pas mauvais de se connoître un peu en physionomie, afin de pouvoir plus sûrement déméler le tempérament du Prince. Cette connoissance doit être la régle de toute la conduite, que vous tiendrez à son égard : elle doit vous montrer de quel biais vous devez le prendre, pour l'engager insensiblement à vous suivre dans les routes, que vous avez dessein de luy marquer. Il y a toûjours dans le tempérament, de quelque maniere qu'il soit bâti, quelque bon côté, par où on est prenable. C'est cét endroit qu'il faut tâcher de reconnoître. Si vous l'avez une fois reconnu, la place est prise, & vous pouvez vous flater d'être le maître absolu de son esprit. Que si au contraire vous négligiéz de prendre toutes ses précautions ; vous auriez bien-tôt le chagrin de voir, que vos soins sont inutiles, & que tout vôtre travail n'aboutit qu'à donner de la peine & à en recevoir. Quand il est question de morale, il est bon d'aller & de se roidir contre le tempérament ; mais en matiere d'étude, c'est sagesse, que de s'y accommoder & de le suivre.

XIII.

Ne perdez jamais de veuë le tempérament du Prince. Que ce soit là l'étoile que vous regarderez sans cesse, elle vous fera éviter bien des écüeils. Ne vous contentez pas d'une connoiſſance ſuperficielle, tâchez de l'approfondir & de le pénétrer. Il en eſt des Princes à peu-prés comme de la Divinité, ils ne ſe laiſſent pas aiſément comprendre, & il y a toûjours en eux quelque nouvel endroit à découvrir. Ne vous fiez pas à ce qui ſe dit ordinairement, que dans les jeunes gens la nature ſe montre telle qu'elle eſt. La jeuneſſe ſçait ſe déguiſer & ſe contre-faire, ſur tout une jeuneſſe nourrie à la Cour. Sçachez au vray le caractere de châque tempérament. Il ne suffit pas pour cela que vous sçachiez en général, que le tempérament du Prince est un tempérament de feu, par exemple, cela se voit sans beaucoup de peine, & il n'est pas necessaire d'avoir les yeux fort pénétrans. Mais il faut que vous descendiez jusqu'au plus petit détail. La différence qui se trouve entre un tempérament de feu, & un tempérament de feu est bien-souvent tres-considérable. Il y a des tempéramens de feu de toutes les manieres; ainsi des autres.

Voila

Voila donc à quoy vous appliquerez vos foins, à reconnoître ces différences. Il en est des tempéramens comme des visages. Un petit trait, un rien change tout.

XIV.

Quand vous aurez connu précisément la différence essentielle du tempérament du Prince, ne pensez pas avoir tout fait. Le plus difficile reste à faire, qui est d'estre instruit à fonds de la maniere dont châque tempérament en particulier veut estre conduit & ménagé. Je ne fçaurois vous dire quelles régles vous devez fuivre en ce point. Ces régles dans la pratique dépendent d'une infinité de circonftances, qu'on ne peut prévoir. La régle généralle, qui doit vous eftre facrée & inviolable, quand il s'agit d'étude, eft de n'engager jamais le Prince dans un chemin, qui ne s'accommode pas avec fon naturel. Si toutes les fois qu'il fera obligé d'aller à l'étude, il faut qu'il fe faffe violence, afsûrez-vous qu'il n'ira pas loin. Rien de violent n'eft durable; fur tout dans ces sortes de personnes, elles sont trop ennemies de la contrainte. Ainsi examinez, réfléchissez, consultez, jusqu'à ce que vous ayez rencontré ce point d'accord & d'intelligence, qui doit estre entre vostre Méthode & le tempérament du Prince. Voicy une autre chose qui mérite une réflexion particuliere. Il arrive des changemens dans le tempérament, il n'est pas toûjours le mesme. A mesure qu'il change, vous devez changer de conduite. Ne soyez pas un homme d'une seule méthode. Qui n'a qu'une méthode, est toûjours à la veille de n'en avoir aucune. Observez avec une application extrême ces viciffitudes de tempérament. Quelquefois elles sont sensibles, bien-souvent imperceptibles. Si vous n'avez les yeux bien ouverts, elles vous échaperont. Vous voyez par là que l'Esprit d'un Maistre, doit estre souple, accommodant, aisé à prendre toutes sortes de figures, & en quelque façon capable de se multiplier. Un esprit roide & tout uni n'est guere propre à former les autres.

XV.

Je n'ay garde de blâmer les différentes Méthodes dont on se sert, pour apprendre à la jeunesse les principes de la Langue Latine. L'expérience fait assez voir, si elles sont bonnes ou mauvaises. Mais ce que je ne sçaurois ny dissimuler ny approuver, c'est qu'il arrive ordinairement, que sous prétexte de vouloir abréger aux Princes le chemin de la Grammaire, on le leur rend plus long, & plus incommode. C'est un écüeil qu'on n'évite presque jamais. On fatigue trop leur esprit. On ne ménage pas assez leur mémoire, on l'accable. Un Maistre s'imagine, que le jeune Prince profite beaucoup, parceque tous les jours il a soin de luy faire entrer dans la teste une infinité de mots; & que le Prince dont le cerveau est encore tendre, les retient assez fidelement. Là-dessus le Maistre se repose & s'applaudit, jusqu'à ce que le temps luy ouvre les yeux. Car voicy ce qui ne manque guere d'arriver. Tandis que le Prince est jeune, il paroît fort sçavant, mais à mesure qu'il croît, son sçavoir diminuë ; & l'âge détruit en luy ce qu'il devroit y perfectionner. Je ne m'en étonne pas. Toutes les espéces des mots dont on luy avoit chargé la teste, & qui n'y étoient imprimées que tres-superficielement, s'évanoüissent bientôt, & il n'en reste presque plus aucune trace. Alors le jeune Prince revenu comme d'un songe, réflechissant sur luy-même, & se voyant aussi peu avancé que le premier jour, conçoit un chagrin secret qui le devore, & ne regarde plus le temps qu'il employe à l'étude, que comme un temps perdu.

XVI.

Il paroît tous les jours de nouvelles Méthodes, mais je ne sçay, quand il en paroîtra une, qui fasse ce qu'on prétend. On prétend faciliter les choses, & on les embarrasse. A force de rafiner, on dépaïse tout. Les uns donnent trop au raisonnement; les autres à la mémoire. Il y a un milieu à garder. La mémoire n'est qu'un moyen pour former le jugement. Comme dans les enfans la mémoire est la puissance de l'ame la plus dominante, & que d'ailleurs elle est la plus propre à faire voir, que les soins du Maistre ne sont pas inutiles, c'est à celle-là qu'on s'attache au préjudice des autres. Ayez plus à cœur le bien du Prince, que vostre propre gloire. S'il est necessaire de la sacrifier, ne balancez point. Pour lui apprendre la Grammaire, n'allez pas courir de Méthode en Méthode, vous vous fatigueriez inutilement. Faites-vous vous-mesme vostre Méthode. Un Maistre qui n'est pas capable de la tirer de son fonds, n'est pas un Maître digne du Prince. Mais dans cette Méthode que vous imaginerez, prenez garde à n'y faire entrer que le pur necessaire. La plus simple est toûjours la meilleure. Les principes de la Grammaire sont des choses à oublier, dês qu'on s'en est servi; n'est-il pas donc raisonnable, de n'en apprendre au Prince que le moins qu'il se peut, afin qu'on est plus de temps pour luy apprendre, ce qui ne se doit jamais oublier.

XVII.

L'Esprit de l'homme a ses âges & ses accroissemens, aussi bien que le corps. Un esprit qui croît tout-à-coup ne va pas fort loin. Défiez-vous toûjours d'un fruit meur avant la saison. Tout consiste à faire croître l'esprit peu-à-peu & comme par degrés, & à le conduire insensiblement au plus haut point de perfection, où il puisse monter. C'est ce que j'appelle, heureusement cultiver un esprit, & le faire valoir autant qu'il se peut. Vous voyez bien que pour en venir là, il ne faut pas se hâter. La précipitation gâteroit tout. Ce qui dans un an serviroit à réveiller & à éguiser la pointe de l'esprit, ne feroit maintenant que l'émousser & l'éteindre. Tant il importe, de sçavoir prendre son temps; & reconnoître au vray, de-quoy l'esprit est capable en châque âge. N'allez donc pas vous piquer de ce faux point d'honneur, dont la plûpart des Maîtres s'entêtent; de vouloir qu'un enfant paroisse un oracle,

& que tout le monde l'admire comme un prodige. Ce que vous devez craindre, est qu'on ne dise, que le Prince en sçait trop pour son âge.

XVIII.

C'est un des grands secrets de l'art, de remarquer les progrez presque insensibles que l'esprit fait. Il vous paroîtra quelquefois demeurer dans la mesme situation, & il ne laisse pourtant pas d'avancer. Un Maistre peu entendu regarde cét état, comme une espéce d'assoupissement, &

il se trompe. Vous croirez quelquefois qu'il fait des progrez admirables. Et ce ne sont que des fruits prématures d'une nature qui veut trop-tost se produire. Il y a certains esprits qu'il est bon d'arrêter. Si on les laisse courir, ils s'épuisent. Distinguez dans vostre Prince toutes ces démarches, & voyez si ce sont des marques d'un esprit qui profite, plûtost que d'un esprit qui s'évapore. Il y a deux extrémitez à éviter. La premiere, est de laisser trop long-temps l'esprit du Prince dans un mesme état. Ayez soin de le faire passer, quand l'heure en est venuë, à des connoissances plus élevées. La seconde, est de le tirer trop-tost de l'estat où il se trouve, pour le faire entrer dans un autre, dont il n'est pas encore capable. Il faut que l'esprit monte de luy-mesme, & non pas qu'on le porte. Mais de ces deux extrémitez la derniere est la plus dangereuse. Il vaut mieux qu'on ait à vous reprocher, que le Prince peut faire plus qu'il ne fait, que non pas, qu'il fait plus qu'il ne peut. Quoy que l'esprit fasse, il faut toûjours qu'il puisse faire d'avantage.

XIX.

Ce n'est pas que je sois d'avis, de tenir fort longtemps le jeune Prince attaché à la Grammaire. Je sçay que c'est un païs ingrat, d'où il est bon de le tirer le plus viste qu'il se pourra, de peur qu'un trop long séjour ne l'effarouche. Cinq ou six mois consacrez à cette premiere étude, me paroissent suffisans, pourvû qu'on veüille bien se se donner la peine, de garder exactement les régles suivantes. La premiere. Réduisez d'abord tous les principes à un certain nombre, laissant à part tous ceux qui ne sont pas absolument necessaires, pour avoir commerce avec les Livres. Si vous ne commencez par là, toutes les leçons que vous ferez ne seront qu'un amas confus de préceptes, qui se chasseront mutuellement les uns les autres. La seconde. Cette réduction, qui est l'ouvrage d'un esprit débarassé, étant une fois faite, vous expliquerez au Prince châque jour, un ou deux de ces principes, selon que vous les jugerez, plus ou moins difficiles; vous donnant bien de garde de les luy montrer tous à la fois. La troisiéme. C'est pourquoy je vous conseille, de les écrire vous-même l'un aprés l'autre, à mesure que vous serez obligé de les luy apprendre. Je vous conseille encore, de ne pas souffrir qu'il ait entre les mains tous ces livres de Méthode qui en traitent; voyant de si gros volumes, cela luy feroit peur. La quatriéme.

Ne luy proposez jamais ces principes, d'une maniere toute nuë; mais que ce soit toûjours sous quelque image agréable, dont vous aurez soin de les revétir. Il n'est point de plus court moyen, pour les faire entrer dans son esprit & les y imprimer. Ce que nous apprenons avec plaisir, nous échape rarement. La cinquiéme. Evitez aussi dans vos explications une certaine maniere toûjours égale & uniforme. Accoûtumez-vous à donner à tout ce que vous direz un air de nouveauté qui frape, &

qui surprenne l'esprit du Prince. Inventez mille tours différens pour dire la même chose. Il n'est rien de plus dégoûtant dans l'étude que l'uniformité. La sixiéme. Tâchez de faire en sorte, qu'il y ait de la liaison & de la dépendance entre vos principes; de telle façon que l'un suive naturellement de l'autre. Ainsi vous ne renverserez pas l'ordre des choses, comme font la plupart des Maîtres. Ce qui doit être le premier passera devant, & ce qui doit occuper la derniere place viendra aprés. Outre une infinité d'avantages que le Prince retirera de cette conduite, il n'est pas croyable, combien cét enchaînement de préceptes soulagera sa mémoire; puis qu'en r'appellant les espéces d'un seul, vous luy r'appellerez en même temps celles de tous les autres. La septiéme. Ne passez jamais à l'explication d'un nouveau précepte, que vous ne soyez bien sûr que le Prince possede parfaitement celuy que vous luy aurez déja proposé. Ne laissez échaper aucune occasion de luy faire rendre compte de ce qu'il aura appris. Le meilleur de tous les Maîtres est l'exercice.

XX.

Je ne doute pas que plusieurs ne se recrient, & ne trouvent que cinq ou six mois sont bien courts. Le moyen, diront-ils, d'apprendre au Prince en cinq ou six mois, ce qu'on n'apprend aux autres qu'en plusieurs années? Cela se peut-il sans miracle. A cela je répons, que s'il faut un miracle, ce n'est qu'un miracle de l'Art ; & que ces sortes de miracles non seulement peuvent, mais mesme doivent se faire en faveur du jeune Prince. Il faut que les mois du Prince vaillent les années des autres. Je suis ennemy de la précipitation autant que tout autre, avec tout cela je soûtiens que cinq ou six mois sont assez longs. Quand on a soin de retrancher tout le superflu, on apprend en un mois, ce qu'on n'auroit pû apprendre en douze. Heureux le Disciple qui a trouvé un Maistre, à qui le Ciel a donné cet esprit de retranchement. Il aura assurément la satisfaction de faire bien du chemin en peu de temps, & sans beaucoup de peine. Vous le sçavez, rien de plus insipide que l'étude de la Grammaire. Si on ne l'abrége au Prince, il est impossible qu'il ne s'en dégoûte, & il y a danger que ce dégoût ne passe jusqu'aux autres sciences. La difficulté consiste à abréger sans embroüiller, & sans obscurcir. Cela demande un esprit d'ordre & de lumiere. Consultez-vous. Je vous dirois volontiers mes pensées là-dessus, mais c'est un point de trop longue discussion. Souvenez-vous cependant de la premiere Régle, & tâchez de la réduire en pratique, autant que vôtre génie vous le permettra.

XXI.

Comme l'émulation, qui est l'ame de l'étude, ne s'entretient jamais mieux que par la concurrence, & que le Prince se verra sans Rivaux; il vous en coûtera, de luy inspirer ce beau feu, qui fait qu'on devore avec plaisir les plus grandes difficultez qui se présentent dans le cours ordinaire des Sciences. Il faudra user d'adresse, & sçavoir luy mettre devant les yeux de puissants motifs, qui fassent sur son esprit autant d'impression, qu'en feroit une foule de Concurrens. Ces motifs se prendront du côté de la gloire, qui est la passion dominante des grandes Ames. Vous luy ferez bien comprendre, que ce n'est pas à l'ombre qu'il étudie, mais en plein jour. Que tout le monde a les yeux sur luy. Que toutes ses fautes sont des fautes d'éclat. Qu'on les écrit en caracteres de lumiere. Que la renommée les publie par tout, & que c'est là-dessus que les Peuples les plus éloignez tirent son portrait. Qu'un Prince sçavant, est une chose d'autant plus admirable, qu'elle est plus rare, &c. Vous vous servirez de mille innocens stratagémes, pour luy rendre ces motifs plus sensibles. Vous l'obligerez de temps-en-temps, à faire montre de ce qu'il sçait en présence de plusieurs personnes. S'il vient à broncher, la honte qu'il en aura luy servira d'aiguillon à réparer sa faute : que s'il réüssit, les applaudissemens qu'on luy donnera, l'animeront à s'acquiter toûjours également bien de son devoir, & à ne se démentir jamais.

XXII.

Ce qu'il y a à craindre pour le Prince, c'est le dégoût. La vie de l'étude n'ayant rien d'elle-mesme qui frape & qui remuë, est une vie sujette à l'ennuy. On se lasse d'une tranquille continuité d'actions qui se ressemblent. Nous aimons le mouvement & le changement presque en toutes choses. Empêchez le Prince de tomber dans cét état de langueur. S'il venoit à y tomber vous couriez risque de perdre le fruit de tous vos travaux. Pour éviter cét inconvenient, j'ay quelques moyens à vous proposer, vous aurez soin de les mettre en usage. Le premier. Il faut faire-en-sorte que le Prince étudie de telle maniere qu'il s'apperçoive luy-mesme du progrez qu'il fait dans l'étude. On s'ennuye bien-tôt de faire ce que nous ne sentons pas nous estre utile. Le succez en toutes choses chasse l'ennuy. Pour cela ne luy embarrassez jamais l'esprit. Eclaircissez toutes les idées, dont il a quelque commencement. S'il vous fait des ouvertures, ménagés-les. Dés que vous appercevrés quelque petit jour dans son esprit, appliqués-là toutes vos lumieres, de telle sorte qu'il ait le plaisir de voir croître le jour au dedans de luy-même. Qu'il s'imagine avoir trouvé chez luy, ce que vous luy aurez appris. Ne manquez pas de luy attribuer la gloire de l'invention. Le second. Que le Prince n'étudie jamais d'une maniere morte. J'appelle maniere morte, cette maniere d'étude qui se fait sans action, & où il n'entre rien qui frape les sens, & qui réveille l'imagination. Etudiés toûjours avec le Prince, & faites quelquefois le personnage de disciple. Il n'est rien de plus dégoûtant pour les jeunes gens que de se voir réduits à s'entretenir seuls avec les morts. Tâchés de grossir les objets les plus déliez. Humanisez tout, en représentant les choses les plus spirituelles sous des images sensibles. Si vous avez le secret de faire au Prince une étude, où les sens ayent beaucoup de part; infailliblement vous le préserverez de l'ennui. Le troisiéme. Variez sans cesse, & inventez tous les jours de nouvelles modes d'étude. C'est en ce point où doit éclater vostre adresse, aussi bien que la fécondité de vôtre imagination. Ne soyez pas du nombre de ces Maistres, qui disent tout sur le même ton. On est bien-tôt las de les entendre.

XXIII.

XXIII.

N'avoir point de Maître qui vous inſtruiſe, ou en avoir trop, ſont deux extrémitez à craindre. Mais je ne ſçay s'il ne vaut pas mieux, n'en avoir point du tout, que d'en avoir trop. Tant de Maîtres ne firent jamais un habile homme. Et c'eſt peut-être une des principales cauſes, pourquoy on réüſſit ſi rarement dans l'éducation d'un Prince. Trop de gens s'en mêlent. Il ne faut qu'un ſeul Maître en châque art. Pluſieurs ne font que s'embarrasser. Les idées de l'un ne s'accordant pas avec celles d'un autre, il se fait dans l'esprit du Prince une confusion d'idées, qui ruine tout. La jalousie, qui ne manque guere de se mêler parmy les gens de même métier, venant à inspirer aux Maîtres des sentimens tout opposez, chacun se fait sa méthode particuliere, & s'imagine avoir droit de gouverner à sa fantaisie. Ainsi l'esprit du jeune Prince éternellement agité par des mouvemens contraires, ne sçait à quoy s'en tenir, & devient enfin la triste victime de l'envie & de la vanité de ses Maîtres.

XXIV.

Tandis que vous occuperez l'esprit du Prince à l'étude des premiers principes, je ne prétens pas que vous laissiez languir, pour ainsi dire, sa mémoire, dans le repos & dans l'oisiveté. Je veux que vous l'exerciez assidûment. Et voicy la maniere dont vous devez vous y prendre. Ramassez avec soin toutes les plus belles maximes de Religion, de Morale, de Politique, que vous trouverez dans les Auteurs profanes, & sur tout dans les Livres sacrez. Recüillez exactement les faits les plus remarquables, de générosité, de sagesse, de modération, &c. qui sont répandus dans l'Histoire. Tantôt vous présenterez au Prince une de ces maximes, & aprés luy en avoir fait pénétrer tout le sens, vous l'obligerez à l'apprendre par cœur. Tantôt vous luy raconterez quelqu'un de ces faits, vous luy en ferez comprendre la beauté, avec ordre de s'en souvenir, & de vous en faire un récit fidele, toutes les fois que vous le jugerez à propos. De cette façon en exerçant sa mémoire, sans le fatiguer, vous luy formerez le jugement.

XXV.

Quand vous reconnoîtrez que le Prince aura l'esprit suffisament imbû des premiers élémens de la Grammaire, vous l'appliquerez à la lecture, & à la traduction des Livres Latins. Mais en ce point, il y a bien des ménagemens à garder. En premier lieu. Ne vous trompez pas dans le choix des Auteurs. Ils ne font pas tous également propres à être maniez par une main encore jeune. Attachez-vous d'abord à ceux, qui quoyque plus aifez à entendre, ne laiffent pas de renfermer la pureté & l'élégance de la Langue Latine. En fecond lieu. Ne vous mettez pas en peine, que le Prince life beaucoup. Au contraire faites qu'il life peu, pourveu que ce foit avec réfléxion, & qu'aucun mot ne luy échape. C'eft toûjours lire beaucoup, que de bien entendre ce qu'on lit. Troifiémement. A mesure qu'il lira, & selon les occurrences, qu'il ait soin d'appliquer les principes, que vous luy aurez déja appris ; tandis que de vôtre côté vous prendrez occasion de luy expliquer à l'avanture ceux qu'il ne sçait pas encore. Quatriémement. Avant que de commencer l'explication d'un Auteur, vous luy en donnerez une connoissance générale, ne manquant jamais de luy en faire un caractere juste, & de luy exposer en peu de mots l'ordre & la liaison des choses principales, qui y sont contenuës. Cinquiémement. Le temps que le Prince pourra donner à cette sorte d'étude étant fort court, à raison d'une infinité d'autres exercices, dont il ne sçauroit se dispenser, & qui rempliront une bonne partie de ses heures ; ne permettez pas qu'il lise indifféramment & sans choix. Dans un Livre tout ne mérite pas d'être lû, & il y a bien des choses qu'on peut passer sans risquer beaucoup. Sixiémement, Accoûtumez-le de bonne-heure, à distinguer les vrayes beautez de l'éloquence, d'avec celles qui ne le font pas. Comme son jugement doit être un jour la régle souveraine des bonnes choses, il est de la derniere importance qu'il ait le goût bon, & qu'il soit en quelque maniere infaillible, dans les décisions qu'il prononcera sur les matieres d'esprit. Tous les vrays beaux esprits du siécle vous auront une obligation essentielle, si vous leur procurez un juge éclairé, qui sçache donner le juste prix à leurs ouvrages, aussi-bien qu'à la monoye.

XXVI.

Avoir le goût bon, c'est avoir un discernement solide qui dans châque chose démêle au juste le vray du faux. Voulez-vous donner au Prince cét esprit de discernement; gardés inviolablement ces deux points. Le premier. N'avancez jamais en sa présence aucune proposition, qui ne soit vraye. Le second. Dans toutes les choses qui se présentent, s'il y a quelque endroit faux, ne manquez pas de le luy faire remarquer. Ainsi il sera presque impossible qu'il ne s'accoûtume à penser, & à parler vray, qui est une des principales fins de l'éducation; puisque c'est en cela que consiste toute la perfection de l'esprit : car qui conçoit un esprit vray, conçoit tout ce qui se peut dire de la bonté & de la beauté d'un esprit. Quelques-uns s'imaginent, que quand on a à parler à des enfans, il n'est pas fort necessaire de prendre toutes ces précautions, & qu'on peut se dispenser d'une exactitude si scrupuleuse. Pour moy je trouve ce sentiment tout-à-fait déraisonnable, sur tout quand on a à parler à des enfans du caractere de celuy pour qui nous travaillons. La vérité n'est-elle pas de tous les âges? & pourquoy vouloir la déguiser à un âge, qui est ordinairement le moins capable de dissimulation, & en mesme temps le plus incapable de reconnoître si l'on dissimule. Un Maître qui déguise la vérité doit passer pour un imposteur. Il y a des endroits faux, quelquefois dans le fonds des choses, quelquefois dans la maniere. On peut dire des choses vrayes d'une maniere fausse, & on peut enveloper des choses fausses, sous des manieres vrayes. Distingués ces deux espéces de faussetez. Il faut que l'esprit du Prince soit également ennemy, & des choses fausses, & des fausses manieres.

XXVII.

Je ne voudrois pas entierement retrancher au Prince l'usage de la composition. Quoy-que cét exercice ne plaise pas à bien des gens, il ne laisse pourtant pas d'avoir ses avantages.

Je sçay bien qu'il n'est pas fort necessaire, que le Prince entre dans toutes les délicatesses scrupuleuses des Grammairiens, & qu'il importe peu qu'il sçache tourner & arrondir une période Latine. Mais je sçay aussi que la composition étant une application continuelle des préceptes, elle peut servir d'un moyen tres-propre à les graver plus profondément dans son esprit. Outre cela on ne sçauroit croire, & il n'y a que ceux qui en font l'expériance qui le sçachent, combien la composition est d'un grand secours, pour apprendre insensiblement le Latin & sans presque qu'on s'en apperçoive. Comme vous devez tâcher de mettre le Prince en état, non seulement d'entendre sans Interprete la Langue Latine, toutes les fois qu'on la parlera devant luy ; mais de la parler encore luy-même, quand l'occasion s'en présentera; il est à propos de déterminer un certain temps de la journée, où l'usage de toute autre langue luy soit interdit.

XXVIII.

La science de l'Histoire est à proprement parler la science des Princes, aussi doit-elle faire leur principale étude. Mais si l'on n'y prend garde, au lieu d'éclairer leur esprit, elle ne servira qu'à l'embarrasser; n'étant pour l'ordinaire, qu'une suite assez mal-entenduë de temps & de choses, qui produit dans le cerveau une confusion épouvantable. L'Histoire est de toutes les sciences la plus difficile; en voicy la raison. Toutes les autres sciences

sciences peuvent assez aisément se réduire à de certains principes, d'où dépendent, & d'où l'on tire par des conséquences necessaires, une infinité de véritez particulieres. Or quand une fois on tient tous les principes d'une science, on peut se flater qu'on la possede parfaitement. Mais il semble qu'il est impossible, de faire la même chose à l'égard de l'Histoire. Comme elle est un tissu de faits, qui n'ont nul raport entr'eux, le moyen de les réduire à certains points principaux,

F

où ils se trouvent tous renfermez comme dans leurs principes. C'est pourtant ce qu'il faudroit faire, pour en faciliter la connoissance; & c'est peut-être ce que nous ferons en faveur du Prince.

XXIX.

La fausse idée que la plûpart des gens se forment de la science de l'Histoire, est la cause principale pourquoy on y réüssit si peu. On s'imagine qu'elle est uniquement l'ouvrage de la mémoire. On se trompe, elle est encore bien plus l'ouvrage de l'esprit, & du bon sens. L'Histoire demande un esprit capable de grandes réfléxions, & un sens qui puisse pénétrer dans les causes les plus cachées des évenemens. Vous en verrez qui se croyent fort habiles, parce qu'ils ont la tête remplie d'un nombre infini d'avantures, qu'ils débitent agréablement. Il est bon, je l'avoüe, de ramasser dans sa mémoire les faits les plus remarquables, & de sçavoir s'en servir dans les occasions; mais je soûtiens que tout cela n'est que le corps de l'Histoire. L'ame y manque, tandis qu'une réfléxion profonde ne s'y rencontre pas.

XXX.

La science de l'Histoire, est la science de la vie humaine. C'est-là où nous apprenons à vivre, en voyant comme les autres ont vécu. La connoissance du cœur humain, si necessaire & si difficile, est un des fruits les plus considérables, que nous puissions en retirer. Les passions humaines, qui sont les premiers mobiles de tous les changemens qu'on voit dans le monde, y paroiffent comme fur leur théatre, & châcune y jouë à fon tour fon perfonnage. Nous pouvons encore dire, que l'Hiftoire eft la fcience de l'avenir. On apprend ce qui fe fera, par ce qui c'eft déja fait. Il y a dans le monde Moral une certaine révolution d'évenemens, à peu-prés comme il y a dans le monde Phyfique, une fucceffion réglée & conftante de faifons. La plûpart des chofes qui font arrivées, il y a mille ans, arriveront d'icy à cent ans. Et la raifon de cette prophétie n'est pas mal-aisée à trouver. Les hommes qui vivront dans les siécles à venir seront fort semblables à ceux, qui ont vécu dans les siécles passez. Ils auront les mêmes vûës, les mêmes interests, les mêmes passions; donc ils agiront de même, étant impossible que des machines, qui ont des ressorts semblables, ne se remuent de la même façon. Le fin de la science de l'Histoire consiste dans ce raport, & cette comparaison que l'esprit doit faire du passé avec l'avenir. C'est par ce moyen qu'elle peut tenir lieu d'expérience, & devenir une école propre à former les grands politiques. Ce raport, il est vray, demande une forte application, & les esprits de toute espéce n'en sont pas capables.

XXXI.

Aprés avoir ainsi disposé l'Esprit du Prince, voicy la maniere dont vous pourrez le conduire sûrement, dans les routes difficiles de l'Histoire. Vous luy en donnerez d'abord une idée générale. Cette idée ne doit renfermer, que la suite des principaux points de Chronologie, avec l'arrangement des faits les plus importans à la vérité, mais sans ornement, & dépouillez de toutes leurs circonstances. Si vous l'appliquiez à la lecture des Historiens sans cette premiere vûë, qu'on peut appeller le flambeau de l'Histoire, il marcheroit dans les ténebres, & feroit presque à châque pas une fausse démarche. Il ne faut pas que l'idée dont nous parlons, soit fort chargée de Chronologie. Outre que la chose seroit un peu trop embarrassante pour le Prince, elle luy seroit d'ailleurs assez inutile. Il n'a besoin de Chronologie qu'autant qu'il en faut pour fixer la mémoire, & pour ne confondre pas les âges. Il luy suffira donc de sçavoir exactement le temps précis des principaux points historiques. Car pour ce qui regarde les choses moins considérables, c'est assez qu'il puisse dire, qu'elles ont leur place dans tel ou tel siécle, sans se mettre fort en peine du reste. On luy demandera par exemple, en quel temps vivoit l'Hérétique Ménandre? Quand est-ce que Marcion commença à débiter ses infames erreurs? qu'il réponde, que ce fut au premier siécle de l'Eglise, & cela suffit. C'est assûrément faire assez d'honneur à ces gens-là, & à bien d'autres, que de sçavoir le siécle où ils ont vécu; & ce seroit leur en faire trop, que de s'amuser à compter scrupuleusement leurs années. Mais si on luy demande, en quel temps arriva le fameux Siége de Jérusalem, prédit par les Prophétes, & par JESUS-CHRIST luy-même : qu'il ne se contente pas de répondre, que ce fut dans le premier siécle, ce ne seroit pas assez. Ces sortes d'évenemens méritent, qu'on en détermine le temps plus précisément.

XXXII.

Quand vous aurez une fois rangé dans sa tête cette idée générale ; pour la luy rendre plus familiere, & de peur qu'il ne l'oublie, faites vous une loy inviolable, de luy en faire faire une revûë de temps-en-temps. Quelquefois solitaire dans son cabinet, par manière de contemplation, vous ferez passer devant luy tous les siécles l'un aprés l'autre. Ce spectacle ne peut être que tres-agréable. Tantôt vous l'engagerez adroitement, à les parcourir luy-même en présence de quelques personnes intelligentes. Je veux aussi que vous l'accoûtumiez à raporter à cette idée tous les faits particuliers de l'Histoire, où qu'il lira dans les livres, ou qu'il entendra dans les compagnies. On racontera par exemple, que Néron voulant avoir une image naturelle de l'incendie de Troye, fit mettre le feu aux quatre coins de la ville de Rome, & que ce cruel Empereur contemploit avec plaisir du haut d'une tour, à travers une Emeraude, les flâmes qui réduisoient en cendres la Capitale de l'Empire. Qu'il jette d'abord un coup d'œil sur son idée, & qu'il voye quelle place Néron y occupe. C'est-là où il doit placer ce trait d'Histoire. Et ainsi de tous les autres. De cette façon il évitera l'embarras, & toutes ses lectures luy seront utiles. Autrement il liroit beaucoup,

& profiteroit peu. C'est la plainte de la plûpart de ceux qui s'addonnent à l'Histoire. Il y a peu de Livres historiques, disent-ils, que nous n'ayons lûs, & cependant de toutes nos grandes lectures il ne nous en reste presque rien. Je n'en suis pas surpris. Vous avez lû, sans vous être fait auparavant une idée de l'Histoire, & vous ne raportiez à aucun but ce que vous trouviez dans les livres; le moyen aprés cela que tout n'échape.

XXXIII.

J'ay dit, si vous vous en souvenez, qu'il seroit à souhaiter, qu'on réduisît à certains points principaux tous les faits particuliers de l'Histoire, comme on tâche de réduire les autres sciences à quelques principes. La chose paroît d'abord impossible, elle ne l'est pourtant pas, quoy qu'elle soit à la vérité tres-difficile, & qu'on n'en puisse venir-à-bout qu'à force de réfléxions. Et c'est ce qui confirme ce que j'ay avancé ailleurs, que la réfléxion étoit l'ame de l'Histoire. Je suppose donc, que vous avez déja donné au Prince cette idée générale, dont nous avons parlé. Que vous reste-t'il à faire. Le voicy. Prenez un siécle tel qu'il vous plaira. Exposez aux yeux du Prince tout ce qui s'y est passé de remarquable, & aprés un examen sérieux, tirez, pour ainsi dire, du sein de ces faits, un certain nombre de propositions générales, qui seront autant de grandes maximes de Morale, ou de Politique. Châcune de ces propositions, ou

de

de ces maximes se démontrera ensuite par les faits particuliers, qui y auront du raport. J'appelle principes de l'Histoire ces propositions générales. Car comme dans les autres sciences nous appellons principes, certaines véritez universelles, propres à éclairer l'esprit, ainsi en matiere d'Histoire, nous pouvons appeller principes, toutes les grandes véritës capables d'instruire les mœurs, & de régler la volonté. Celles-là font agir l'esprit, & celles-cy remuent le cœur. Je n'expli-

G

que pas plus au long cette Méthode. L'usage & la pratique vous en donnera une connoissance parfaite. Je me contenteray seulement de vous en faire remarquer la beauté & l'utilité.

XXXIV.

Cette Méthode est belle. Premierement. Parce qu'elle a quelque chose de nouveau, & que la nouveauté embélit tout. En second lieu. Parce qu'elle est noble, je veux dire, qu'elle demande une ame élevée, qui entre dans les plus grandes maximes, & un esprit pénétrant qui découvre le raport le plus caché des choses les unes avec les autres. Mais cette Méthode n'est pas moins utile qu'elle est belle. Il faut juger de son utilité, par la fin de l'Histoire. Cette fin consiste en deux choses. A perfectionner les mœurs, & à former le jugement. Car on ne doit se proposer d'autre but dans l'étude de l'Histoire, que d'apprendre à vivre en homme de bien, & à se conduire en homme sage. Or je soûtiens, & je puis dire que l'expérience, que j'en ay faite sur quelques personnes, m'en a déja convaincu, qu'il n'y a point de Méthode plus propre à perfectionner les mœurs, & à former le jugement, que celle dont je viens de parler. En effet, quoy de plus propre à instruire le Prince, que ces maximes de morale, qu'il tirera incessamment des faits de l'Histoire. Et peut-on imaginer rien de plus utile à luy former le jugement, que ces réfléxions presque continuelles, qu'il sera obligé de faire sur tous les événemens. Car pour les réduire à leurs principes, c'est-à-dire, à des propositions générales qui les renferment, il faudra qu'il les tourne de tous côtez, qu'il les regarde en tous sens, jusqu'à ce qu'il ait trouvé un juste raport entre le fait, & la maxime d'où il voudra le faire dépendre. Il vous faudra presque continuellement exercer le Prince sur ce point-là. Tantôt en luy proposant un certain nombre de faits, d'où il tirera les maximes, qui luy paroîtront les plus justes. Et tantôt en luy proposant vous-même quelques maximes, qu'il fera obligé de prouver par les faits particuliers de l'Histoire, qu'il jugera les plus convenables.

XXXV.

Se conduisant de cette sorte dans l'étude de l'Histoire, il apprendra en même temps la science du monde, puis qu'il découvrira les secrets ressorts qui donnent le mouvement à la plûpart des hommes. Il reconnoîtra les fins qu'ils se proposent dans leurs actions, & les différens moyens qu'ils employent pour les exécuter. Il se rendra insensiblement habile dans l'art de démêler les intrigues les plus embroüillées, en dévelopant les véritables causes des accidens humains, qui semblent d'abord n'en avoir d'autre, que le hazard, & le caprice de la fortune. Ainsi les morts luy apprendront à vivre, & vous aurez le plaisir de voir, qu'aux dépens de ceux qui ne sont plus, il deviendra quelque chose de grand. Enfin pour dire tout en peu de mots. Apprenez au Prince les belles actions qui se sont faites, & inspirez-luy le desir de faire luy-même des actions, qui méritent un jour qu'on les apprene.

XXXVI.

Les Princes ayant été établis de Dieu, pour être en quelque façon les maîtres de la Nature, il me semble, que ce seroit leur faire tort, que de vouloir leur en dérober la connoiſſance, ſous prétexte qu'elle ne leur appartient pas. C'eſt ce qui me fait dire, qu'il ne ſera pas mauvais, de donner au jeune Prince, dés que vous verrez que ſon eſprit aura atteint un certain point de perfection, quelque teinture de la Philosophie; non de cette Philosophie qu'on enseigne dans l'Ecole, car j'avoüe que celle-là n'est pas faite pour luy: mais d'une Philosophie particuliere, que je voudrois qu'on composât uniquement en sa faveur, & qu'on peut appeller à bon droit la Philosophie du Prince. Cette Philosophie, de la maniére dont je la conçois, doit comprendre deux choses. En premier lieu. La connoissance que le Prince doit avoir de ce qui se passe au dedans de luy-même. En second lieu. La connoissance qu'on doit luy donner des choses principales, qui sont hors de luy. Il est necessaire que le Prince se connoisse soy-même, & il est à souhaiter qu'il n'ignore pas ce qui est autour de luy. On ne sçauroit luy proposer de plus grand objet que luy-même. Et tandis que tous ceux qui ont l'honneur de l'approcher, s'occupent à le pénétrer, il ne faut pas qu'il se cache à ses propres yeux. Si l'on observe en sa personne avec quelque espéce de Religion, jusqu'aux plus petits mouvemens de son visage, doit-il se refuser à luy-même le plaisir qu'il aura, à distinguer les mouvemens admirables que son esprit se donne, quand il agit.

XXXVII.

La premiere chose que vous ferez, sera de luy expliquer d'une maniere sensible, comment se forment dans sa teste ces images spirituelles, que nous appellons idées, ou connoissances. Comment son ame venant à les contempler & à les examiner attentivement, les joint entr'elles, ou les sépare, selon qu'elle le juge à propos. Et comment, enfin, par la différente combinaison qu'elle en fait, d'une vérité connuë, elle en tire une infinité d'autres qu'elle ne connoissoit pas. La connoissance de nos idées est absolument nécessaire pour ne pas se tromper dans les jugemens que nous portons. Nos jugemens sont toûjours selon nos idées. Si les idées sont vrayes, justes & distinctes, les jugemens le font aussi, étant naturel au ruisseau de participer à toutes les qualitez de sa source. Ainsi quiconque péche dans l'idée, ne sçauroit s'empécher de tomber dans l'erreur, dans l'embarras & dans la confusion.

XXXVIII.

Distingués trois sortes d'idées, qui doivent vous occuper pendant tout le temps, que vous aurez l'honneur d'estre auprés du jeune Prince. En premier lieu. Il y a des idées que vous devez rétrancher de son esprit. Secondement. Il y a des idées que vous devez y réformer. Enfin il y a de nouvelles idées, que vous devez y produire. Les idées à retrancher, sont les faux préjugés, c'est-à-dire certains jugemens erronés, qui semblent nous estre naturels. Parmi les faux préjugés, il y en a de nature, il y en a d'état & de condition, il y en a de jeunesse. Les uns & les autres se guérissent presque de la même maniere; à sçavoir en substituant à leur place des idées entierement différentes. Vous remarquerés que le Prince jugera mal, parce qu'il eſt homme, parce qu'il eſt Prince, parce qu'il eſt jeune. La nature, la condition & l'âge conſpireront à luy donner des fauſſes idées de la grandeur, de la nobleſſe, des plaiſirs, des honneurs, des richeſſes, &c. Tâchés de vôtre côté à luy donner des idées véritables de toutes ces choſes, juſqu'à ce que la force de la raiſon l'emporte, & ſur la corruption de ſa nature, & ſur les charmes de ſa condition, & ſur les foibleſſes de ſon âge. Les idées à réformer ont quelque chose de bon en elles-mêmes. Mais elles sont gâtées, ou par la maniere dont on les conçoit, ou par le mélange de plusieurs autres idées qui les corrompent. Vous les réformerés, en leur donnant un ordre qu'elles n'ont pas, & en les séparant de tout ce qui leur est étranger. Ne souffrés point dans l'esprit du Prince aucune idée qui soit confuse, ny aucune qui ne soit parfaite. Pour ce qui regarde les idées que vous devez y produire, il faut qu'elles soient toutes proportionées à son état. Le

Le Prince doit avoir des idées sur toutes choses, mais il faut qu'il les ait en Prince. Qu'il sçache l'Histoire, mais qu'il la sçache en Prince. Qu'il soit Philosophe, pour veu qu'il le soit en Prince, ainsi de tout le reste. Je comprens bien ce que je veux dire, mais j'ay quelque peine à l'expliquer. J'appelle idées proportionées à l'état du Prince, des idées qui ayent du raport à la maniere, dont il doit se conduire dans les actions particulieres de sa vie. Comme son principal employ sera un jour de gouverner les autres, c'est à cela principalement, que vous devez raporter toutes les idées, que vous luy donnerez. Ces idées doivent élever l'ame, fortifier le cœur, & régler la volonté. Ainsi avant toutes choses, demendez-vous à vous-même, est-ce-là une idée qui convienne à l'esprit d'un Souverain ? Si vous trouvez qu'elle soit de la qualité requise, ne la laissez pas échaper. Il sera tres-utile de vous représenter le jeune Prince sous toutes les différentes qualitez qui peuvent luy estre propres. Par exemple, de Maiſtre, de Juge, de guerrier, d'ami, de confident, &c. Si vous ſçavez luy donner ſur tout cela des idées convenables, vous ne manquerez pas d'en faire un Prince accomply. Je prétens que vous regardiez cét endroit comme un des plus eſſentiels à l'éducation du Prince. Car enfin tout doit tendre à rectifier le jugement, & à faire agir le cœur ſelon la droiture de cette Régle.

XXXIX.

Sçavoir attacher à châque choſe l'idée juſte &

précise qui luy convient, voilà le caractere d'un esprit naturellement droit, & en même temps rafiné par un long usage du monde, ou au moins par des réflexions solides & presque continuelles, qui suppléent en quelque façon à ce qui pourroit manquer du côté de l'usage. Celuy qui ne connoît pas le monde, ou par l'usage ou par la réflexion, n'a que des idées peu ressemblantes. Et de là vient que les sçavans de cabinet ne sont pas toûjours les meilleurs Maîtres. Au reste cette justesse & cette proportion qui doit eftre entre vos idées & voftre Prince, ne doit pas fe prendre d'une connoiffance vague & indéterminée des chofes, que vous pourriez avoir d'ailleurs. Cette maniere de connoiffance eft toûjours défectueufe. Mais elle doit fe prendre des connoiffances particulieres, &, pour ainfi dire, circonftanciées, que vous devez acquérir. Nos connoiffances imitent en cela nos actions. Les circonftances leur font changer de nature. l'Idée d'un ami, par exemple, l'idée d'un guerrier, l'idée d'un honnête-homme en général, n'est pas l'idée juste d'un Prince ami, d'un Prince guerrier, d'un Prince honnête-homme. Et si vous prétendiez régler l'amitié, la bravoure, la probité du Prince sur ces idées générales, je suis sûr qu'à la fin vous vous trouveriez bien éloigné de vôtre compte. Il faut donc que vous ajustiez vos idées au caractere de Prince, & non pas le caractere de Prince à vos idées. Cependant c'est ce qui ne se fait pas toûjours. Rempli & prévenu qu'on est de certaines connoissances universelles ; on croit que cela suffit. On n'en consulte point d'autres. Et il arrive qu'au lieu de former un Prince tel qu'il devroit être, on ne le forme que tel qu'on l'a imaginé.

XL.

Pour donner au Prince une connoissance de ses idées, vous tâcherez de luy en découvrir tous les principes. Il y en a de deux sortes. Les uns sont sujets à l'erreur, les autres ne le font pas. Ceux-cy sont des sources pures, il n'y a rien à craindre, & ceux-là sont des sources gâtées ; il faut s'en défier. Nous trouvons en nous, si nous y faisons réfléxion, certaines idées qui nous viennent immédiatement de Dieu, & ausquelles ny les sens, ny les objets de dehors n'ont aucune part. Ces idées ne peuvent être que vrayes, puis qu'elles sont, pour ainsi dire, des écoulemens de la vérité par essence, & comme autant de semences de toutes les véritez particulieres que nous pouvons acquérir dans la suite par le moyen de l'étude. Ces idées qui tirent leur origine du Ciel, ne sont pas en fort grand nombre. Vous en ferez une recherche la plus exacte qu'il se pourra, ne souffrant pas qu'elles demeurent ensevelies au fonds de l'ame. Vous les ferez sentir au Prince, & vous luy apprendrez à les déterrer, en luy donnant des régles sûres pour les reconnoître & les distinguer de toutes les autres. C'est par là qu'il faut commencer, la connoissance de soy-même, en démélant ce que l'ame a reçû de Dieu d'avec ce qu'elle acquiert, par son travail & son industrie.

Ce point est un des plus délicats. Les régles pour ne s'y tromper pas, & ne prendre pas le change, peuvent se raporter à trois. La premiere. Quand nous trouvons en nous une idée, (je parle d'une idée qui est bonne en elle-même, comme pourroit être, par exemple, l'idée du bien en général, l'idée de la vertu, &c.) Lors, dis-je, que nous trouvons en nous une idée, & que réfléchissant sur nous-mêmes, nous ne sçaurions dire comment elle nous est venuë, c'est une marque qu'elle vient de Dieu. Car si elle nous étoit venuë, ou par l'application de l'esprit, ou par la voye des sens, ou par le secours de l'imagination ; nous en découvririons la source aprés l'avoir bien cherchée. La seconde. Quand nous remarquons qu'une idée est tellement duë à l'ame, qu'elle ne sçauroit s'en passer, & qu'elle en a un besoin absolu pour éviter le déréglement & le desordre, soit de l'entendement ou de la volonté; concluons que l'ame a reçû cette idée en naissant : n'étant pas croyable qu'elle soit sortie des mains de Dieu, dépourveuë de ce qui luy étoit necessaire, pour agir conformément à sa nature. La troisiéme, enfin, doit se prendre du sentiment & de la conscience; car une idée qui vient de Dieu, a je ne sçay quoy de singulier, qui se fait sentir, & qui nous dit d'une voix assez intelligible, quel est son auteur. Prenez garde à bien distinguer ce sentiment pur, de certains autres sentimens qui sont des effets de l'amour propre, de l'entétement & de l'opiniâtreté. Ces trois régles sont extrêmement délicates. Tout le monde n'est pas propre à les bien comprendre, moins encore à s'en bien servir.

XLI.

Il y a d'autres idées dont nôtre esprit est le seul ouvrier. Et ce sont toutes celles qu'il produit par sa propre vertu ; ou sur ces premiéres idées, que nous venons de toucher (car elles sont comme autant d'originaux, dont on peut tirer une infinité de copies) ou sur les objets extérieurs qu'il se rend intimement présens, & dont il tâche de se faire un portrait, qui leur soit entiérement ressemblant. Les idées de ce second ordre ne sont jamais trompeuses; pourvû que l'esprit y apporte toute l'attention & toute l'application, dont il est capable. Autrement on pourroit dire, que Dieu auroit donné à l'homme une puissance qui le précipiteroit dans l'erreur, lors même qu'il en feroit un tres-bon usage. Ce qui feroit rejetter sur cét être nécessairement vray, la cause de nos erreurs. Vous expliquerez au Prince, dans quelles conjonctures il faut que l'esprit se trouve, pour n'être jamais trompé ; & comment il doit procéder dans la recherche de la vérité, s'il prétend être assez heureux que de la découvrir. C'est icy où vous luy apprendrez à remonter jusqu'aux premiers principes; & dans toutes les matiéres que vous traiterez, vous le conduirez insensiblement & par degrez aux dernieres propositions, aprés lesquelles il n'y a plus rien à chercher. Vous l'accoûtumerez ainsi à pénétrer le fonds des choses, & à ne pas s'arrêter à la superficie. Vous luy rendrez l'esprit inventif, & vous donnerez à son génie toute l'étenduë qu'il peut avoir. J'estime que c'est un des plus grands services, que vous puissiez luy rendre. Vous le mettrez par là en état d'entrer aisément dans les affaires les plus difficiles, de n'être jamais embarrassé, & de trouver mille expédiens pour en venir à bout. Cependant il n'y a point d'exercice plus négligé que celuy-cy à l'égard des Princes, comme si leur esprit n'êtoit pas d'un assez grand caractere pour soûtenir avec succez tout ce que

que cét exercice a de sublime. Vous me direz sans doute qu'il faut les ménager, & que tout ce qui tient de la spéculation a quelque chose de trop rebutant pour eux. Il faut les ménager, j'en tombe d'accord, mais un habile Maître sçaura les ménager, & leur apprendre en même temps les choses les plus relevées. On ménage toûjours un esprit, quand on luy rend tout facile.

XLII.

La grande foule de nos idées vient des sens & de

l'imagination, deux sources inépuisables d'erreurs. Les sens nous trompent, parce qu'ils font tres-souvent des peintures infidelles des objets qu'ils nous repréfentent. L'imagination nous trompe auffi, parce qu'elle fe forme des phantômes que nous prenons ordinairement pour quelque chofe de réel. Prenez bien vos mefures, fi vous voulez mettre l'efprit du Prince en fûreté contre ces deux écüeils. Il eft beaucoup plus aifé de fe défendre des illufions des fens, que des furprifes de l'imagination. Les sens nous imposent d'une maniere grossiere, mais l'imagination y va plus finement. Ses opérations sont si semblables à celles de l'entendement, qu'on a besoin d'un discernement exquis, pour ne s'y méprendre pas. Il y a neanmoins des régles dont vous ne manquerez pas d'instruire le Prince, & qui pourront luy servir de préservatifs. Il seroit trop long de les déduire icy. Il suffira de vous faire remarquer, qu'il faut toûjours se défier d'une idée, quand la volonté y a quelque part, & que cette puissance aveugle veut se mêler d'éclairer l'esprit; car pour lors cette idée vient de la passion, & la passion nous fait voir des choses qui ne sont pas, ou tout autrement qu'elles ne sont.

XLIII.

Une des choses qui coute davantage à régler dans la vie, c'est l'imagination. Au lieu de se tenir toûjours dans la dépendance, où elle doit estre à l'egard de l'esprit & du cœur, on voit qu'elle s'erige en Maîtresse de l'un & de l'autre, &

qu'elle les domine tyranniquement ; de sorte qu'on ne juge , & qu'on ne se conduit plus, que selon les mouvemens de cette puissance inquiéte & volage: l'imagination dans les grands est bien-moins traitable , que dans les autres hommes , par la raison, qu'ils sont moins à couvert des impressions sensibles, que les objets peuvent faire sur nous. Si vous venez-à-bout de régler celle du Prince, quel service ne rendrez-vous pas & à luy & à l'état. En un Prince, il ne faut qu'un coup d'imagination pour tout perdre. Le premier moyen, dont vous vous servirez pour cette grande entreprise, sera d'exaggerer le malheur d'un homme qui n'a d'autre régle de sa conduite que son imagination. Vous luy ferez toucher au doigt dans des exemples que l'histoire vous présentera, tous les desordres, qui sont les suites necessaires d'une imagination abandonnée à elle même. Le bonheur ou le malheur d'une personne dépend du ply qu'elle donne à son imagination. Le second. Dans toutes les occasions où vous vous appercevrez que l'imagination du Prince aura esté frapée d'une maniere vive, obtenez de luy qu'il donne tout à la raison, rien, ou tres-peu au sentiment. quelque sensible qu'il soit, il faut l'accoûtumer à estre encore plus raisonnable que sensible. Le troisiéme. Ayez soin d'arrester les impressions que les objects sont capables de produire, ou au moins de les temperer. Cela se fera en prévenant l'esprit du Prince, & luy faisant connoître ce qu'il y a de réel ou d'apparent dans châque objet; afin que lorsque son imagination viendra ou à les grossir ou à les diminuer au-delà de ce qu'ils sont, il puisse corriger ces phantômes par les pures idées qu'il en aura. Quand nous connoissons au vray ce qui nous touche, nous ne sommes touchez, qu'autant que la raison demande que nous le soyons. Plus je pense aux régles que je vous prescris, & plus je suis convaincu, que pour les mettre en pratique, il faut avoir un esprit, qui soit même au dessus des régles.

XLIV.

Il n'est pas moins important que le Prince sçache distinguer les mouvemens de son cœur, que les idées de son esprit. Et c'est pour cela que la connoissance de l'un doit suivre immédiatement aprés celle de l'autre. La science du cœur humain nécessaire au Prince, doit être toute renfermée en ces deux points. Le premier, à bien connoître ce qui peut remuer & agiter le cœur. Et le second, à sçavoir ce qui peut le calmer & le mettre en repos.

Le cœur du Prince est une place qu'on attaque de tous côtez. S'il n'est bien défendu, il court grand risque d'être pris. Les passions, qui y trouvent beaucoup moins d'obstacles que par tout ailleurs, y regnent aussi avec un empire plus absolu, & il arrive assez souvent, que celuy qui est le maître de tous les autres, se voit réduit à un honteux esclavage. Ne vous lassez jamais de représenter au Prince, le danger qu'il y a de s'abandonner à une passion déraisonnable, de quelque nature qu'elle soit.

Étudiez-vous à luy faire le caractere de châque passion en particulier. Qu'il sçache ce qui la fait naître, ce qui l'entretient, ce qui l'augmente, ce qui la diminuë, & ce qui la détruit. Apprenez-luy quels sont les vrays pronostiques & comme les avant-coureurs d'une passion naissante. Qu'il en connoisse le progrez & les suites. Ne manquez pas d'autoriser tout ce que vous direz sur ce sujet par des exemples fameux; & dans les Histoires particulieres qu'il lira, montrez luy toutes les démarches que fait une paſſion, quand on la laiſſe faire. Enfin inſpirez-luy de l'amour pour les paſſions, qui ſiént bien au cœur d'un Souverain, & donnez-luy un horreur extréme pour toutes celles, qui peuvent le des-honorer.

XLV.

Un Prince doit être tellement maître de ſon cœur, qu'il ne permette jamais, quelque paſſion qui l'agite, que cette émotion ſe répende au dehors. Il ne ſçauroit s'empêcher quelquefois de ſentir ce qu'une passion a de plus violent, mais il faut que tout cela se passe chez luy si secretement, que ceux-là même qui l'examinent de plus prés, ne s'en apperçoivent pas. Le caractere d'un grand Prince, est de paroître homme le moins qu'il se peut. Il est impossible que le cœur demeure long-temps dans cét état d'élevation, s'il n'est soûtenu par de grands principes de Morale, qui servent d'un espéce de frein & de barriere à ses mouvemens les plus impétueux. Et c'est justement de ces grands principes, dont vous devez continuellement remplir son esprit, en tâchant de ramasser toutes les véritez morales, qui sont capables de faire quelque impression, selon les différentes situations du cœur; afin que dans quelques conjonctures que le Prince se trouve, pour si délicates qu'elles soient, il ait toûjours en main dequoy se soûtenir & se défendre. Il ne faut pas aussi qu'il ignore ce que c'est qu'une action bonne & honnête, non seulement devant les hommes, mais encore devant Dieu.

Quelle fin on doit s'y proposer. Quel en doit être le motif & le principe. Car s'il est bon qu'il soit instruit de tout ce qui peut former le Heros, il vaut encore mieux qu'il sçache tout ce qui fait l'homme de bien.

XLVI.

En cét endroit vous pourrez luy faire, non en Philosophe, mais en honnête homme, une Leçon de toutes les vertus que nous appellons morales. Vous vous attacherez principalement à celles qui sont les plus propres de son état. Vous luy marquerez distinctement ce qu'elles ont de vray, & ce qu'elles peuvent avoir de faux, afin qu'il ne préne jamais les apparences de la vertu pour la vertu même. La fausse vertu est fort à la mode. Que de faux-braves, que de faux-sages dans le monde. Comme elle a quelque chose de plus éclatant que la véritable qui n'aime pas le fracas, on s'y attache. Inspirez à un Prince autant d'horreur pour les fausses vertus, que pour les véritables vices. En mesme temps n'oubliez

bliez rien pour luy rendre aimable la vraye & solide vertu. Dites-luy, & ne vous lassez jamais de le luy dire, Que la vertu seule fait la véritable grandeur, & que s'il veut estre le plus grand de tous les hommes, il doit estre le plus vertueux. Quoy qu'il doive aimer toutes les vertus, il faut pourtant qu'il en ait une, qui soit la favorite & la dominante. Et c'est ordinairement celle qui est la plus conforme au tempérament. Une seule vertu possedée au souverain degré vaut mieux qu'une foule de vertus médiocres.

Servez-vous de cette vertu d'inclination, pour porter le Prince à acquérir celles pour qui il ne se sent pas beaucoup de penchant. Une vertu peut en attirer bien d'autres. Les vices ne doivent pas eſtre inconnus au Prince. Mais il faut qu'il les connoiſſe par des endroits capables de luy en donner de l'horreur. Il y a des vices, qui n'ont qu'à se montrer pour se faire hair. Ceux-là peuvent eſtre repréſentez au naturel. On ne riſque rien. Il y en a d'autres dont il eſt dangereux de vouloir faire des portraits qui soient trop fideles. Il est difficile de les peindre sans les faire aimer. Tel est le déréglement de nôtre cœur. Bien-souvent nous aimons le mal, dés que nous le connoissons. Sur le Chapitre des vices il y a des choses que le jeune Prince doit toûjours ignorer. Il y en a dont on ne doit jamais luy parler.

XLVII.

Les effets de la nature qui tombent presque tous les jours sous nos sens, ne doivent pas être un mystére à son égard. C'est une chose digne de luy, de connoître les secrets ressorts que Dieu employe, pour maintenir cét Univers dans sa premiere perfection. Pour cela vous ferez deux choses. La premiere. Vous imaginerez un Systéme du monde en général, le moins composé & le plus simple qu'il se pourra, afin qu'il puisse voir sans beaucoup de peine toutes les parties qui le composent, avec la liaison & la dépendance qu'elles ont les unes avec les autres. La seconde. Vous luy donnerez ensuite une connoissance de tous les principes généraux de Physique, qui ne sont pas en fort grand nombre; & vous luy en ferez faire l'application, à mesure que l'occasion s'en présentera. De temps-en-temps par maniere de divertissement, vous prendrez les plus beaux Phénomenes de la nature, & vous luy en découvrirez les véritables causes. Lors qu'il se promenera, par exemple, & qu'il regardera avec une espéce d'admiration, les différentes figures que l'Art sçait donner à l'eau, expliquez-luy d'une maniere aisée & comme en riant, tous ces effets admirables, & ainsi des autres. De telle façon que tout ce que vous luy direz, tienne plus de l'air d'un homme qui veut le divertir, que d'un Maître qui veut l'instruire. Quelquefois vous luy donnerez le plaisir des expériences les plus curieuses, & vous le convaincrez de la vérité de vos principes par ses propres yeux.

XLVIII.

Ce que le Prince doit sçavoir le mieux, est sa Religion. Comme il a été établi de Dieu pour en être le protecteur & le défenseur „ il faut qu'il en connoisse le mérite & l'importance ; afin qu'il ne s'avise jamais de donner dans ce déréglement ; où la plûpart des Princes tombent pour l'ordinaire, qui est de regarder la Religion, comme une chose de pure politique, & de n'en avoir qu'autant qu'elle peut servir à leurs interests. Il est assez rare de voir des gens qui soient instruits de leur Religion. La plûpart professent ce qu'ils ne connoissent pas. En gens de bonne-foy ils se reposent sur celle de leurs ancêtres. Ceux-là-mêmes qui se piquent de la sçavoir & de l'apprendre aux autres, la défigurent si fort, s'ils n'y prenent garde, par leurs vaines subtilitez, qu'elle n'a plus cét air vénérable qui imprime du respect. Mon dessein n'est pas de mettre le Prince sur le pied de Théologien, ny de luy apprendre à rafiner sur nos Mysteres. Cela ne luy conviendroit pas. Il suffit qu'il sçache de la Religion autant qu'il en faut sçavoir, pour en former une idée, qui réponde en quelque maniere à la grandeur du sujet. L'idée dominante dans l'esprit du Prince, & supérieure à toutes les autres, doit être l'idée de sa Religion. La Religion est un fonds inépuisable. Elle tient de son auteur. Les objets qu'elle nous propose deviennent grands à mesure que nous les méditons. Il n'en est pas de même des autres sciences. On ne les estime, que quand on les ignore. Dés qu'on les sçait, l'envie nous prend de les mépriser. Voicy l'ordre que vous pourrez garder en cette matiere. Il faut d'abord remonter à la source de la Religion; qui est cette premiere & fondamentale vérité, *il y a un Dieu*. Ce n'est pas que je prétende que vous luy démontriez l'existence d'un Dieu par les raisonnemens quelquefois trop subtils, dont se servent les Philosophes. Je veux seulement, que vous luy fassiez sentir, qu'il y a un Dieu. Et cela, en luy faisant remarquer les caracteres visibles de la Divinité, qui sont imprimez dans toute la nature, & en luy faisant trouver, pour ainsi dire, ce premier Etre dans son cœur, & au dedans de luy-même, par les sentimens secrets qu'il en a, & qu'il décourira aisément, pourveu qu'il y fasse un peu de réfléxion. On ne sçauroit donner aux Princes une assez grande idée de Dieu. Il y a danger qu'ils ne veüillent se mettre à la place de cét Etre souverain & indépendant, car leurs yeux ne voyant rien qui soit au dessus d'eux, ils sont quelquefois fort tentez de croire, qu'il n'y a point d'autre divinité qu'eux-mêmes.

XLIX.

La vraye idée de Dieu que vous aurez tâché de donner au Prince, le conduira à deux autres grandes véritez. A l'immortalité de son ame, & à la connoissance d'une Religion naturelle. Dieu étant aussi parfait qu'il l'est, il faut nécessairement que l'ame raisonnable soit immortelle, & que cette ame rende à Dieu certains devoirs, qui sont absolument indispensables. La bonté & la justice sont les deux fondemens de l'immortalité de l'ame. La souveraineté & l'indépendance, font les deux fources de la Religion naturelle. Icy vous r'appellerez ce temps heureux, ce fiécle d'or, où l'homme n'avoit nulle peine à fe conduire, & agiſſoit toûjours raifonnablement, en ne fuivant d'autres loix, que celles de fon efprit & de fon cœur. C'eſt ce bien-heureux temps que nous appellons le temps de l'innocence, & le regne de la Loy de nature. Mais ce regne ne dura guere. Cette Religion naturelle fut bientôt corrompuë, & l'homme, en qui le peché avoit mis le desordre, tomba malheureusement dans le plus grand de tous les déréglemens, qui est l'idolatrie. Il ne voulut plus avoir de Dieu, qui fut son Créateur. Il voulut luy-même devenir le Créateur de ses Dieux, & n'en reconnoître d'autres que ceux, qui seroient l'ouvrage de ses mains. Il faudra expliquer au Prince, les causes, les progrés, & l'étenduë du Paganisme. Et luy faire voir par cét endroit, à quelles extravagances l'esprit de l'homme s'abandonne, quand son cœur est une fois corrompu. Mais ne vous imaginez pas que par la Loy de nature on entende une Loy, où il n'y ait eu rien de révelé ; & lorsque vous entendez parler d'une Religion naturelle, qu'il y ait eu un certain temps, où il n'y eut d'autre Religion que celle que la nature est capable d'inspirer. Ce seroit errer fort grossiérement. Apprenez au Prince qu'avant le Législateur du Peuple de Dieu, il y avoit une Religion toute Divine, fondée sur la révélation. Que la venuë du Messie fut révelée au premier homme aprés son peché, & que les Patriarches qui ont vécu dans la Loy de nature l'ont reconnuë par la foy.

L.

Cette corruption presque générale causée par l'idolatrie, montre clairement combien il étoit necessaire, que Dieu employât une Loy écrite, qui fut le rétablissement de la Religion naturelle, & remit l'esprit & le cœur de l'homme dans l'ordre que la raison exige. C'est cette Loy écrite, que nous trouvons dans les anciennes

ciennes Ecritures, dont le Peuple Juif a été le premier dépositaire. Il faut que ce Livre divin, soit le Livre favori du Prince. Toutes les fois qu'il le lira, qu'il fasse ces trois réfléxions. La premiere. Il n'y a que Dieu qui ait pû joindre tant de simplicité, avec tant d'élévation. La seconde. Il faut être Dieu pour avoir pû garder un raport si juste entre tant de parties différentes. La troisiéme enfin. Il n'appartient qu'à Dieu de faire une alliance si parfaite de la douceur avec la force. Vous luy ferez remarquer tous les caracteres de la Divinité, qui paroissent si visiblement dans les Ecritures. Vous luy apprendrez, comment elles se sont conservées jusqu'à nous, sans qu'on ait pû y changer rien d'essentiel. Vous luy expliquerez, comment toutes les Prophéties qui y sont contenuës, ont été vérifiées par les évenemens, qu'on ne peut révoquer en doute sans folie, & qui sont autant de preuves incontestables, que l'Ecriture est l'ouvrage d'un Dieu, qui voit tout & qui peut tout. C'est dans ce Livre admirable, où il doit apprendre l'art de Regner, en y apprenant toutes les maximes de la vraye politique. Il y verra des Heros de toutes les manieres, & quelque caractere de Prince qui luy plaise, il y trouvera dequoy se contenter. S'il veut se faire craindre de son peuple & s'en faire aimer, s'il prétend se distinguer par sa magnificence, s'il souhaite vivre en paix & goûter les douceurs d'un Regne tranquille, s'il aime-mieux se rendre terrible à ses Ennemis, emporter des Villes, gagner des Batailles,

L ij

triompher. En tout cela l'Ecriture luy fournira des modeles à imiter.

LI.

Aprés avoir fait connoître au Prince la Religion naturelle, gravée dans le cœur de l'homme par les doits de la Nature, corrompuë par le Paganisme, & réparée par la Loy des Juifs; vous passerez outre, & de la Loy Judaïque, vous viendrez à la Religion Chrétienne, qui est la fin de la Loy écrite, & la perfection de la Loy naturelle. L'Ecriture des Juifs, si on la séparoit de la Religion Chrétienne, ne seroit plus qu'un amas confus de choses imaginaires, où l'esprit ne pourroit rien comprendre. Que seroit, par exemple, cette nouvelle alliance de Dieu avec les hommes, dont elle parle si souvent, & en des termes si pompeux & si magnifiques, qu'une vaine promesse. Cette vocation de toutes les Nations à la connoissance du vray Dieu, qu'une pure illusion. Ce Messie dont elle prend soin de nous faire un si beau portrait, & d'en marquer jusqu'aux plus petites circonstances, qu'un Heros de Roman. Cette conséquence est donc bien tirée. Il y a eu une Religion Judaïque, donc il doit y avoir une Religion Chrétienne. Pour donner au Prince une idée de l'excellence de la Religion Chrétienne, vous commencerez d'abord par son établissement miraculeux. La divinité de son fondateur, les oppositions qu'il falut vaincre, les miracles des Apôtres pourront l'occuper quelque temps. Vous luy ferez goûter les maximes de sa Morale infiniment sainte. Vous luy déveloperez toute l'œconomie de ses mysteres les plus sublimes, luy faisant remarquer le raport qu'ils ont avec les sentimens de nôtre conscience, & leur convenance avec les lumieres de la raison. Vous ferez le parallele de toutes les autres Religions avec celle-cy, & par cette comparaison l'esprit du Prince demeurera entiérement convaincu, que toutes les autres Religions qui regnent encore dans le monde, ne sont que des Sectes purement humaines, & que la

Religion Chrétienne est l'ouvrage de la Sagesse infinie, & de la Toute-puissance d'un Dieu. Je ne parle point de quelques autres sciences, comme de la Géographie & du Blason. Ces sortes de sciences s'apprennent par les yeux, & la meilleure méthode à mon sens pour les enseigner, est de n'en avoir point. Je ne parle pas non plus des Mathématiques. Comme le Prince ne doit se piquer d'en sçavoir que cette partie qui regarde l'Art militaire, j'abandonne ce soin à quelqu'autre un peu mieux instruit du métier de la guerre, que je ne le suis. Il n'y a, à proprement parler, qu'un grand Capitaine, qui doive se mêler de donner des leçons sur cét art.

LII.

Travailler à former le corps du Prince, est une affaire qui à la vérité n'est pas du ressort d'un Maître qui n'en doit avoir d'autre que celle de luy former l'esprit & le cœur. Cela neanmoins n'empêche pas, qu'il ne soit de son devoir d'apprendre au Prince quelles doivent estre ses vües dans tous les exercices qui contribuent à perfectionner cette partie de nous-mêmes ; qui, quoyque moins noble, ne doit pourtant pas être négligée. En un Prince tout doit sentir le souverain. Et il ne faut rien épargner pour luy donner ce grand air, qui force en quelque maniere tous ceux qui le verront à reconnoître de bonne foy, que s'il n'étoit pas ce qu'il est, il mériteroit de l'être. Les perfections du corps donnent un grand lustre à celles de l'esprit. Une ame parfaite dans un corps accomply est une des plus belles choses qu'on puisse voir. Toutes les instructions que vous avez à donner sur cette matiere au jeune Prince, doivent se réduire à ces trois points. A l'animer, à le modérer, & à le desabuser. En premier lieu. Inspirez-luy cette noble ambition de vouloir faire excellemment bien tout ce qu'il fera. Un Prince qui aspire à la grandeur ne doit rien négliger. Une petite chose sert quelquefois à donner une fort grande idée d'une personne.

Qu'il sçache qu'une infinité de gens jugeront de luy par son air, par sa démarche, par ses manières. Et qu'il soit bien convaincu, qu'il est de la derniere importance pour un Prince de contenter les yeux de tous ceux qui le voyent. Quand les yeux sont contens, l'esprit l'est bien-tôt. Tout doit plaire & fraper en la personne d'un Souverain : de sorte que châcun puisse dire aprés l'avoir vû, j'ay eu le plaisir de voir un Prince accomply. En second lieu. Prenez garde que cette ardeur ne se change en passion. Il est à craindre que les exercices du corps ne nuisent à ceux de l'esprit. Lors qu'on est trop ardent pour ceux-là, on devient froid à l'égard de ceux-cy. C'est à quoy vous devez être continuellement attentif, afin que vous soyez toûjours en état de modérer ce feu ; s'il arrivoit qu'il emportât trop loin le jeune Prince. C'est un grand secret, de sçavoir mettre entre l'esprit & le corps une si parfaite intelligence, que ce qui fortifie l'un, n'affoiblisse pas l'autre. Si vous estes assez heureux que d'y réüssir, je vous avoüe que vous aurez raison d'être content de vous-même. En troisiéme lieu. Apprenez au Prince quelle fin il doit se proposer dans toutes ces sortes d'occupations. Ce n'est qu'en faveur du Maître qu'on embélit une maison, & ce n'est qu'en faveur de l'esprit qu'on doit perfectionner le corps. Se soucier peu d'avoir l'ame malfaite, pourveu qu'on ait le corps bien-fait, est, au sentiment de tous les sages, un excez de folie. C'est renverser l'ordre de la nature. Quiconque sacrifie les qualitez de l'esprit à celles du corps, fait bien voir qu'il ne connoît guere le mérite des choses. Otez de l'esprit du Prince certaines fausses préventions, qui ont cours dans le monde. Dans tout ce que nous appellons exercices du corps, il n'y a pour l'ordinaire que vanité, que délicatesse, qu'amour propre, que desir immoderé de plaire & de se faire admirer; motifs tout-à-fait indignes d'une grande ame. Mais vôtre Prince ne doit y avoir d'autre vûe, que de ren-

176 L'ART DE FORMER, &c.
dre par là les qualitez de l'esprit plus éclatantes. Et de se servir des avantages du corps, quelque peu considérables qu'ils soient d'eux-mesmes, pour mieux soûtenir un jour ce caractere de grandeur & de majesté que toute la terre attend de luy.

P. Scuin del.   L. Boudan f.

L'ART

L'ART
DE FORMER LE CŒUR
D'UN
PRINCE.

SECONDE PARTIE.

I L y a un si grand raport, entre l'esprit & le cœur de l'homme, qu'il est

M

assez difficile, que l'un ne se ressente de la bonne, ou mauvaise disposition de l'autre. On ne laisse pourtant pas de voir des personnes dans le monde, qui ont l'esprit fort éclairé, & en même temps le cœur tres-mal fait. Ces sortes de gens ne sont parfaits qu'à demy, ou pour mieux dire, ils ne le sont point du tout. Car la perfection de l'esprit, si elle ne contribuë à celle du cœur, ne mérite pas le nom de perfection, puisque l'esprit ne doit avoir de lumiere, qu'afin que le cœur se conduise plus sûrement, & qu'il ne vienne jamais à faire une fausse démarche. Mais nous voyons arriver assez souvent, par je ne sçay quelle corruption, que les lumieres de l'esprit font le déréglement du cœur. Plusieurs ne sont méchans, que parce qu'ils sont éclairez. On se sert des avantages de l'esprit pour pervertir le cœur. Plus on a de l'esprit, plus on se croit en droit de tout entreprendre. Combien y-en-a-t'il qui seroient gens de bien, s'ils étoient demeurez dans leur premier état d'ignorance. Je ne connois point d'alliance plus dangereuse que celle d'un excellent esprit, & d'un méchant cœur. Un cœur, quelque méchant qu'il soit, s'il n'est soûtenu par les lumieres de l'esprit, n'est pas fort à craindre. Il ne sçauroit pousser fort loin sa malice. Nous n'aurions donc guere avancé, si aprés avoir formé l'esprit du jeune Prince, nous ne tâchions encore avec plus de soin de luy former le cœur. Ce dernier point est incomparablement plus important, & plus difficile que le premier. On peut être un fort grand Prince, sans être sçavant, on ne sçauroit l'être, sans un bon cœur. Ce n'est pas l'esprit qui fait le Heros, c'est le cœur. On conduit, on redresse, on réforme aisément l'esprit. Mais le cœur ne se laisse pas tourner, ny manier si facilement. Etant le principe de toute sensibilité, la moindre violence qu'on luy fait, l'incommode. Il faut une adresse infinie, pour s'opposer à ses mauvais penchans, sans le révolter, & il n'appartient, qu'à une main extrêmement délicate, d'appliquer des remedes à ses inclinations corrompuës, sans l'aigrir.

II.

La plus excellente partie de l'homme & en même temps la plus gâtée, c'est le cœur. Depuis que les passions y ont établi leur demeure, & que le bon ordre en a été bani, il est devenu le centre du déréglement. Ce bon ordre consistoit dans la conformité de tous ses mouvemens aux lumieres de la raison. Il n'aimoit que ce que la raison luy disoit d'aimer, & ne passoit jamais les bornes qu'elle luy marquoit. Former le cœur du jeune Prince, c'est y rétablir cette dépendance, c'est en ôter tout ce qu'il y a de desordonné, c'est le remplir de tout ce qu'une raison accompagnée des avantages de la Naissance la plus auguste qui fut jamais, peut inspirer de beau, de noble, de sublime, & d'heroique. Cela ne me paroît pas trop aisé à faire.

III.

Outre ces empêchemens

généraux, il s'en trouve de particuliers dans le cœur d'un Prince. Un cœur souverain & indépendant se croit toûjours au dessus des régles. Il regarde tous ses mouvemens comme les seules loix qu'il doit suivre ; & bien loin de vouloir qu'on le régle, il prétend régler toutes choses à sa fantaisie. Cét air de grandeur qu'il respire sans cesse, produit en luy des sentimens ennemis de l'instruction. Etant exposé à tout ce que les objets ont de plus touchant, il est presque impossible, qu'il n'en ressente les atteintes, & que les passions ne s'en rendent les maîtresses. D'ailleurs, il est incroyable, quels ménagemens il y a à garder. Le cœur d'un Prince ne se manie pas comme celuy des autres hommes. La force & la violence n'y peuvent rien. C'est un vase sacré qu'on ne touche qu'avec respect. Il faut même porter le ménagement jusqu'à ce point, que le Prince ne connoisse pas, que vous ayez dessein de rien changer dans son cœur. S'il venoit à s'en appercevoir, cela produiroit deux fort

186 L'Art de former méchans effets. Le premier. Il s'imagineroit, que vous avez conçû quelque méchante idée de luy, ce que vous devez éviter avec toute sorte de soin. Sur le chapitre du cœur, la délicatesse des hommes est extrême. Chacun croit, & se pique de l'avoir bon. Le second. Cela l'obligeroit à prendre ses mesures, & à se précautionner contre tout ce que vous pourriez faire pour le corriger. Le cœur de l'homme est ainsi fait. Il veut bien être délivré de ses foiblesses; mais il ne veut pas sentir la main,

qui doit l'en délivrer.

IV.

C'est aussi pour cela qu'on ne sçauroit presque réduire en art la maniere dont il faut s'y prendre, pour former le cœur d'un jeune Prince. Tout dépend du génie & de l'adresse de celuy qui est chargé de son éducation. Il y a de certaines gens, qui sçavent naturellement tourner les cœurs, & leur donner la figure qu'il leur plaît. Ce sont des génies heureux, qui concevant les choses noblement, & les représentant toûjours d'un air animé, ne manquent jamais de faire impreſſion. Une maxime dans la bouche de celuy-cy nous frapera, & la même maxime dans la bouche d'un autre ne ſe fera pas ſentir. Il eſt de la derniere importance que ceux qu'on met auprés du Prince ſoient capables, & d'entrer eux-mêmes dans les plus grands ſentimens, & d'y faire entrer les autres. Ce rare talent vient uniquement de la Nature. L'étude n'y peut preſque rien. C'eſt pour cela que dans un Maître, on doit pour le moins avoir autant d'égard à son cœur, qu'à son esprit. Un cœur étroit & resserré est indigne d'approcher la Personne du Prince. On ne sçauroit déterminer quel temps il faut employer à luy former le cœur. La prudence doit régler ce point. Tous les exercices, soit de l'esprit ou du corps, peuvent avoir leurs heures réglées, celuy-cy ne le peut pas. Tout ce qu'on peut dire en général, c'est qu'il faut que le Maître sçache faire naître les occasions, & se servir de celles qui se présentent comme d'elles-mêmes, pour jetter dans le cœur du Prince quelque bon sentiment. Ce doit être là sa grande application. Quelquefois, à propos de ce que le Prince lira, ou de ce qu'il entendra ; à propos des accidens qui arrivent dans la vie humaine ; à la vûe des objets qui frapent les sens, &c. Vous pourrez adroitement luy insinuer quelque bonne maxime, & la luy faire goûter. Mais que cela se fasse sans aucune ombre d'affectation, & qu'il ne paroisse jamais qu'il y a du dessein, & que la chose est préméditée.

V.

Voicy quelques réflexions qui ne seront pas inutiles. La premiere chose que vous devez faire, est de former dans vôtre esprit l'idée d'un cœur qui soit digne d'un Souverain. Le cœur d'un Souverain doit être un cœur généreux, intrépide, libéral, magnifique, sensible aux grandes choses, aimant la gloire, doux, humain, compatissant, modéré, maître de luy-même, ferme, inébranlable, toûjours égal, juste, équitable, ne se laissant jamais pénétrer, qu'autant qu'il le faut pour faire dire aux gens, que le Prince a un cœur digne de l'Empire, &c. Donnez à ce cœur toutes les perfections que vous pourrez, & ne craignez pas de luy en donner trop. Il n'y a rien de trop grand pour le cœur d'un Souverain. Imitez cét habile Peintre qui pour faire une beauté parfaite, réünit dans un seul visage tous les traits de beauté qu'il trouva répandus ailleurs. L'idée de ce cœur que vous formerez, ne doit pas être une idée de pure spéculation,

spéculation, & s'arrêter à la superficie de vôtre esprit. Il faut que ce soit une idée de sentiment, qui pénétre le fond de vôtre cœur, & luy communique en quelque maniére toutes les perfections qu'elle renferme. Il faut que ce cœur fait à plaisir se trouve véritablement chez-vous, afin que pour former celuy du Prince, vous n'ayez qu'à consulter le vôtre. Ne vous contentez pas d'imaginer ce que c'est que d'être généreux, libéral, magnifique, doux, humain. Sentez en vous-même le plaisir qu'il y a à être tout cela. Si ces perfections ne sont que dans vôtre esprit, vous ne serez guere propre à les faire goûter. Vos instructions seront séches, & n'auront rien de persuasif: au lieu qu'elles doivent être des expressions naturelles d'un cœur, qui, quoy qu'il dise, sent toûjours plus qu'il ne dit. Il y a dans le cœur une espéce de contagion, soit pour le bien, soit pour le mal. Quand on a continuellement un grand cœur devant les yeux, il est bien difficile qu'on n'en préne les sentimens.

Mais si le Ciel ne vous avoit pas donné un cœur aussi parfait que celuy que vôtre employ exige de vous, il faut que l'honneur que vous aurez d'être auprés du Prince vous le donne. A cette seule pensée, que le plus grand Roy du monde vous a trouvé assez de mérite pour remplir le poste le plus important de son Royaume, vôtre cœur doit s'élever au dessus de luy-même. Que ne peut pas un cœur animé du desir de soûtenir un tel choix ? Les occasions font les grands cœurs, ou au moins elles

les font paroître. La présence du jeune Prince produira en vous certains sentimens de grandeur, que la lecture des meilleurs livres n'y produiroit pas. Se sentir un méchant cœur tandis qu'on est occupé à former le plus beau cœur du monde, est un reproche, qui selon moy ne peut se suporter. Pour vous épargner ce reproche, banissez de vôtre cœur tout ce que vous y aurez remarqué de foiblesse. Vous ne sçauriez faire rien de mieux, ni pour le Prince, ni pour vous. C'est un grand avantage pour former un cœur à qui rien ne manque, que d'avoir un cœur sans défaut. Que si vous ne pouvez pas aller jusqu'à ce point de perfection, au moins cachez-en si bien tous les foibles, qu'il n'y ait que vous seul qui les connoisse. En ce cas-là défiez-vous de vostre cœur. Il est un peu traître, & pourroit vous démentir. C'est-à-dire, que sans une attention particuliere à vous-mesme, ces endroits foibles se découvriront, & vôtre conduite le fera paroître tel qu'il est. La peine qu'on est obligé de se donner pour déguiser un défaut, est plus grande que celle qu'il faudroit prendre pour le corriger. Aprés avoir ainsi élevé vôtre esprit, vous viendrez à examiner le cœur du Prince, tel qu'il est en luy-même. Vous le comparerez avec ce cœur en idée que vous vous étes déja formé. Vous verrez s'il est fort ressemblant, & dans cette comparaison vous découvrirez, & les perfections qui luy manquent, & les défauts que vous devez y corriger. Faites-vous donc une étude continuelle du cœur du

Prince. Tâchez d'en reconnoître le fort & le foible. Il y a des foibles de deux manieres. Les uns ne sont bons à rien. Les autres peuvent servir d'instrument à de grandes choses, quand on sçait les ménager. Si les foibles que vous remarquerez dans le cœur du Prince, sont de la premiere espéce, vous vous appliquerez uniquement à les guerir ; s'ils sont de la derniere, vous en tirerez vôtre avantage.

VI.

Un foible se guérit quelquefois par un autre foible.

Et c'est la conduite ordinaire qu'il faut tenir, quand on rencontre de ces sortes de foibles, qui ne portent d'eux-mêmes qu'au mal. Supposons que le foible du Prince soit l'emportement & la colere. Vous devez tâcher de luy inspirer de la douceur & de la modération jusqu'à l'excez. Mais, si ce sont des foibles, que vous puissiez tourner heureusement aux grandes choses, profitez-en. Et pour le faire, observez ces deux points. Le premier. Proposez incessamment au Prince de grands objets, qui étant loüables & honnétes, ne laiffent pas d'avoir de l'éclat aux yeux des hommes. Le fecond. Faites luy bien comprendre, qu'il trouvera dans la pourfuite de ces objets, dequoy fe contenter parfaitement. L'ambition, un amour exceffif de la gloire, eft le foible du Prince, c'eft-là fa paffion dominante; ne vous laffez pas de luy mettre devant les yeux, qu'il ne fçauroit s'acquérir une plus grande gloire, qu'en travaillant au bon-heur de fon Peuple. Qu'en faifant fleurir la Religion dans fes

Etats. Qu'en y maintenant la juſtice. Qu'en donnant en toutes les rencontres des marques de ſa modération, &c. Quand vous vous ſerez une fois rendu le maître de ſa paſſion dominante, & que vous luy aurez donné, pour ainſi dire, le bon tour, tout eſt fait. Les autres paſſions ſuivront ſans peine, & ſe laiſſeront conduire au gré de celle-cy.

VII.

La paſſion dominante du Prince fera vôtre étude principale. Commencez par la bien connoître, ne vous y trompez pas. La chose n'est peut-être pas si aisée que vous pourriez vous l'imaginer. Comme dans le cœur du Prince toutes les passions y sont en liberté, elles paroissent toutes y dominer, & il est aisé de prendre le change. Cependant il y en a une, qui a le dessus, & qui l'emporte. C'est celle-là qu'il faut déméler de toutes les autres, & à laquelle il faut s'attacher. Pour cela il est necessaire, que vous pénétriez à fond le naturel & le tempérament du Prince. Que vous pesiez toutes ses actions, &

toutes ses paroles. Qu'aucun de ses mouvemens, qu'aucun geste ne se dérobe à vos réfléxions. Tout cela, quand on y est attentif, porte le caractere de la passion dominante. Quand vous l'aurez découverte, voyez de quels biais vous devez vous servir pour la bien conduire. De là dépend tout le succez de l'éducation du Prince. D'abord faites semblant de la flater, sur tout, si c'est une de ses passions, qui tendent naturellement à l'héroisme. Luy déclarer une guerre ouverte seroit l'irriter.

Il ne faut pas y toucher, qu'aprés bien des tours & des détours, & que vous n'ayez auparavant bien mesuré vôtre coup. Le grand secret, est de sçavoir faire au Prince des portraits de sa passion dominante, dans lesquels il apperçoive, & ce qu'elle peut avoir de loüable, & ce qu'elle a de honteux. Cela s'appelle représenter le Prince à luy-même. Au reste, ces portraits doivent se faire avec beaucoup de précaution. Premiérement. Prenez garde à ne pas les outrer. Dites toûjours ce qui se fait, &

jamais ce qui peut se faire absolument. Ce qui se passe dans le cœur du Prince, non pas ce qui n'est peut-être que dans vôtre imagination. Secondement. Ecartez autant que vous le pourrez de l'esprit du Prince la pensée qu'il pourroit avoir, que vous avez dessein de le peindre. Il faut luy laisser à luy-même le plaisir de s'en faire l'application. En troisiéme lieu. Prenez occasion de faire entrer dans ces portraits quelque grande maxime, qui puisse servir de frein à la passion dominante.

Quatriémement. Que ces portraits soient toûjours fondez sur quelque trait éclatant de l'Histoire, ils en paroîtront moins affectez, & feront beaucoup plus d'impression sur l'esprit du Prince.

VIII.

Il n'y a rien dont on ne puisse venir-à-bout avec des passions bien ménagées, mais de les bien ménager, c'est ce que peu de gens sçavent faire. Il n's'agit pas d'éteindre les passions dans le cœur du Prince, cela est impossible, &

quand même cela se pourroit, on ne le devroit pas. Un cœur qu'on auroit dépoüillé de toutes ses passions, seroit bien-tôt un cœur sans action & sans mouvement. Il faut quelque grande passion pour faire un grand homme. Il s'agit donc de les régler, & de les faire servir d'instrument à l'éxécution de tous les desseins que vous aurez formez. Dans cette vûë attachez-vous à rechercher curieusement toutes les passions du Prince, jusqu'aux plus petites. Une petite passion entre les mains

mains d'un habile Maître peut être quelquefois d'un fort grand usage. Voyez ensuite dequoy châque passion est capable, & déterminez en vous-même l'usage que vous prétendez faire de châcune. De celle-cy, par exemple, vous vous en servirez pour rendre le Prince généreux & intrépide. Vous employerez celle-là à le rendre libéral & magnifique. Avec une telle passion vous luy inspirerez des sentimens de tendresse pour son peuple. Avec cette autre des sentimens d'équité & de justice, &c. Par là vous rectifierez toutes les passions, & vous les rétablirez en quelque maniere dans ce premier état, ou soûmises à l'empire de la raison, elles contribuoient à la perfection de l'homme. Les passions n'ont rien de mauvais en elles-mêmes, ce ne sont que des mouvemens naturels de nôtre cœur qui se porte vers le bien sensible. Il n'y a que le bon ou le mauvais usage qu'on en fait, qui les rend bonnes ou mauvaises. Prenez garde que le public en ce point n'ait à se plaindre ou de vôtre négligence, ou de vôtre peu d'habileté. De vôtre négligence, si sous prétexte de laisser les passions du Prince en repos, vous n'en tiriez aucun profit, ni pour sa propre gloire, ni pour le bien des autres. Et de vôtre peu d'habileté, si vous veniez à faire quelque contre-temps fâcheux, qui révoltât les passions du Prince contre vous. Une fausse démarche en cette matiere ne se répare presque jamais.

IX.

Une passion irritée mal à propos me paroît un mal

sans remede. Il vaut mieux quelquefois la laisser faire que de s'y opposer. C'est un torrent. Une digue ne sert qu'à le rendre plus impétueux. Tandis que vous ne serez pas broüillé avec les passions du Prince, vous pouvez tout espérer. Dés que vous serez mal ensemble, je desespére de tout. Quand je dis que vous ne devez jamais vous broüiller avec les passions du Prince, je n'entens pas que vous les favorisiez. Au contraire vous devez les combattre: mais il faut que cette guerre se fasse avec tant d'adresse, qu'elle ne trouble pas la paix. Avant que d'attaquer une passion, voyez & ce que vous pouvez luy accorder, & ce que vous devez luy refuser. Ne vous avisez pas de vouloir d'abord luy retrancher tout. Ce seroit mal l'entendre. Il est arrivé bien-souvent qu'on n'a rien avancé, parce qu'on est allé trop vite. Une passion ne se guérit pas tout-à-coup. Il y a des momens favorables qu'il faut observer. Il y en a d'autres qu'il faut éviter. Qui prétend réüssir doit sçavoir prendre son temps. Ne vous imaginez pas que le cœur du Prince soit un cœur de toutes les heures, ni de tous les momens, & que sans distinction aucune vous puissiez traiter avec luy. Vous vous tromperiez fort. Réglez vos instructions non à vôtre humeur, mais, autant que cela se peut, à celle du Prince. Ces momens favorables ne sçauroient se marquer. C'est une certaine situation de l'esprit & du cœur, où on prend tout en bonne part, & où on est capable de profiter de tout. Il n'y a rien qu'on doive moins laisser échaper que ces heureuses conjonctures. Elles se présentent quand on y pense le moins. Il faut les attendre. Celuy qui sçaura s'en servir, peut se flater d'avoir trouvé un moyen presque infaillible de réduire le cœur du Prince au point où il voudra.

X.

La régle générale, quand on a à combatre une passion, est de ne la point choquer directement, mais par réfléxion & par contrecoup. Ce n'est pas que vous ne puissiez quelquefois user de tout vôtre droit, & résister en face, si j'ose parler ainsi, aux inclinations du jeune Prince. Les remedes violens sont quelquefois necessaires, mais ils doivent être rares. N'en venez jamais à un coup d'éclat. Premiérement. Que la chose ne soit de telle importance qu'elle demande absolument que vous éclatiez. Je ne sçaurois souffrir que pour un rien on fasse du bruit. Un Maître qui crie toûjours ne fait pas grande impression. Ne point éclater en certaines occasions, c'est molir,

Soyez doux, complaisant, mais jamais lâche. La fermeté doit entrer dans vôtre caractere, ne la confondez pas avec la rudesse. Il y a bien de la différence entre être rude & être ferme. La rudesse vient de l'humeur, la fermeté ne doit avoir d'autre principe que la vertu. Secondement. Qu'auparavant vous n'ayez acquis un certain air d'autorité qui donne droit de tout entreprendre. Sans cela vôtre coup d'éclat porteroit à-faux. Vous auriez le chagrin de vous estre trop avancé, & de ne pouvoir pas vous foûtenir. Cét air d'autorité doit être fondé fur la grande idée que le Prince aura conçuë de vous. Si vous êtes le Maître de fon efprit par l'eftime qu'il fera de vôtre mérite, vous le ferez bien-tôt de fon cœur par l'amitié qu'il aura pour vous. Quoy qu'on n'aime pas toûjours ce qu'on eftime, rarement voit-on un Maître qu'on eftime, & qu'on n'aime pas. Toutes fortes de gens (je parle mefme de ceux qui ont d'ailleurs un fort grand mérite) ne font pas propres à fe faire eftimer de la jeunesse. Il faut un certain caractere de mérite que je ne puis vous marquer. Si vous estiez assez malheureux que d'entrer de travers dans l'esprit du Prince, je ne vous conseillerois pas de vous roidir contre vôtre mauvais génie. Plus vous voudriez vous donner de l'autorité, plus vous vous rendriez méprisable. Troisiémement. Ne vous emportez jamais par chagrin, ou par humeur, mais toûjours par raison & par zéle. Si le Prince est convaincu, que le desir extrême que vous avez de son avancement est l'unique motif qui vous fait agir, tout ce que vous ferez sera bien reçû.

XI.

Jettez de bonne-heure les semences de toutes les perfections que vous voudrez donner à son cœur. Quand on a un cœur de Heros à former, il faut prendre ses mesures de loin. Il en est du cœur comme de l'esprit. Il a ses accroissemens & ses degrez de perfection, par où il veut être conduit insensiblement. Un cœur parfait n'est pas l'ouvrage d'un jour. Il y a des idées qui paffent la portée d'un efprit qui commence. Il y a des fentimens qui font trop relevez pour un jeune cœur. Ce feroit luy parler un langage qu'il n'entendroit pas. Le cœur a fes premiers Elémens auffi bien que l'efprit. Dans châque vertu il y a du médiocre, il y a du grand. Le bon ordre demande que vous commenciez par le médiocre, & que le médiocre ferve de difpofition au grand. Avant que le cœur du Prince forte de vos mains, vous devez le rendre capable de goûter ce qu'il y a de plus fin & de plus exquis dans les sentimens de l'ame les plus élevez. Ce goût met le comble à la perfection du cœur; car le cœur n'est parfait qu'autant qu'il est sensible aux grandes choses. Ce sentiment ne consiste pas précisément dans l'estime qu'on fait de ce qui est grand. On estime assez souvent ce qu'on ne goûte pas. Ce goût dont je parle est une maniere d'estime qui flate le cœur, qui le porte & qui l'entraîne à ce qui est grand, sans presque luy laisser la liberté de l'aimer ou de ne l'aimer pas. Il me seroit impossible de vous dire comment vous pourrez donner ce goût au cœur du Prince. C'est un point de l'éducation qui ne tombe pas sous les régles. Ce n'est pas assez de l'occuper sans cesse de ce qu'il y a de plus grand. Un cœur quoyque nourri de grands objets, ne les goûte pas toûjours. Il y a en tout cela un tour à donner, une maniere à prendre : ce tour, cette maniere, est un don du Ciel, un coup de génie, un je ne sçay quoy. Aprés tout, le meilleur moyen pour faire sentir les grandes choses, est de les sentir soy-même.

XII.

Quand vous aurez une fois conçû le dessein de travailler sur le cœur du Prince, & de luy inspirer les sentimens de quelque vertu propre de son état, avant que d'en venir à l'exécution, examinez, s'il y a dans son cœur quelque commencement & quelque naissance de cette vertu, ou s'il est dans un état d'indifférence, ou enfin, s'il y a y a de l'opposition. Selon ces trois différentes dispositions du cœur, vous devez agir différemment. Si vous remarquez que le cœur du Prince ait du penchant pour la vertu dont vous voulez luy inspirer les sentimens, vous n'aurez qu'à suivre la nature & à la perfectionner. Attachez-vous à ces endroits du cœur. C'est par là qu'on devient Héros. Tirez-en tout ce qui s'en peut tirer. Quel malheur, si vous ne sçaviez pas profiter de ces avantages, & si par vôtre faute ces talens restoient inutiles. Toutes les vertus aufquelles le Prince a quelque penchant naturel, doivent eftre en luy des vertus parfaites. Voilà la mefure que vous devez remplir. Il faut pour cela que vous foyez parfaitement bien inftruit de ce qu'elles ont de plus héroïque, & que cét héroïque parfait foit la nourriture ordinaire du cœur du Prince. Ménagez-luy fans ceffe des occafions de fatisfaire ces nobles penchans, afin que la vertu luy devienne comme naturelle, & que pour fe conduire en grand Prince, il n'ait qu'à fuivre les mouvemens de son cœur. Vous direz peut-être que j'en demande un peu trop. Tout cela neanmoins ne remplit pas mon idée, & ce que je vous conseille de faire, n'approche pas de ce que je voudrois qu'on fît.

XIII.

La nature ne fait pas tout, elle laisse beaucoup à faire. Vous devez vous attendre à trouver des obstacles, qui d'abord vous paroîtront invincibles. Vous verrez que le jeune Prince aura de l'antipathie pour certaines perfections dont un bon cœur ne sçauroit se passer; que cela ne vous rebute pas. J'aime un Maître, qui n'est ni timide, ni inquiet. Celuy qui d'abord desespére, ou qui aisément se chagrine, ne fera jamais beaucoup de fruit. Espérez contre toute espérance. Soyez constant jusqu'à l'opiniâtreté. Soyez endurant jusqu'à l'insensibilité. Et avec cela vous viendrez à bout de tout. Tandis que le cœur est jeune de quels changemens ne peut-on pas se flater. Regardez de sang-froid tous les endroits du cœur du Prince qui ont besoin de réforme, & trouvez un reméde à châcun qui luy convienne. Il n'y a point de venin qui n'ait son contre-poison. Le point le plus important & en même temps le plus délicat en cette matiere, est de sçavoir corriger ce qu'il y a de mauvais dans le cœur par ce qu'il y a de bon. Il ne faut bien-souvent qu'un seul endroit pour remédier à tous les autres. Je ne sçay si vous entrez assez bien dans ma pensée. Je l'explique par un Exemple. Vous aurez remarqué, que le cœur du Prince a un penchant naturel à la gloire, c'est son bel endroit, je n'en veux pas davantage. Ce seul endroit cultivé comme il faut, peut être un reméde souverain à tous les foibles du Prince, & il n'y a point de vertu que vous ne puissiez faire entrer dans son cœur à la faveur de ce penchant. Par là vous guerirez le trop grand penchant qu'il pourroit avoir au plaisir, au repos, à la colére, à la vengeance. Vous l'obligerez à être maître de luy-même, ennemi de la molesse, assidu au travail, &c. Je ne crois pas qu'il y ait de meilleure méthode que celle-cy pour former le cœur, puisque sans luy faire aucune violence de vôtre part, & même en favorisant ses inclinations, vous l'engagez à se défaire de tout ce qu'il a de mauvais. C'est un point qu'on ne sçauroit trop vous inculquer. Persuadez-vous bien que le chef-d'œuvre de l'art, c'est de former un cœur de Prince, & que vous n'aurez jamais la gloire d'y réüssir, si le Prince ne travaille de concert avec vous. Sa coopération est absolument nécessaire. Mais il vous la refusera, si l'inclination se joignant au devoir ne le fait agir. C'est à vous à commencer l'ouvrage, mais on peut dire que c'est au Prince à l'achever.

XIV.

Appliquez-vous sans cesse à l'instruire de tous ses véritables devoirs, & à luy inspirer des sentimens qui leur soient proportionnez. Qu'il apprenne ce qu'il doit à Dieu, ce qu'il se doit à luy-même, & ce qu'il doit à son Peuple. C'est icy où il faut que le Maître r'amasse toutes les forces de son génie, pour concevoir les choses d'une maniere si vive, & si pénétrante qu'elles se fassent sentir au cœur, en même-temps qu'elles se présentent à l'esprit. Il faut que sur ces trois devoirs que nous venons de remarquer, il se forme certaines grandes idées, dont il puisse entretenir l'esprit du Prince. Ces idées seront plus ou moins nobles, selon que le Maître aura plus ou moins d'élévation. Il est difficile de dire quels doivent être ces sentimens. Bien-souvent un bon cœur les sent, & ne peut les exprimer. En voicy neanmoins un petit essay, qui peut vous servir de modéle, sur lequel vous ne manquerez pas d'enchérir, selon les différentes occasions qui se présenteront. Les plus beaux sentimens sont quelquefois l'ouvrage du hazard.

XV.

Le Prince doit à Dieu le culte, le respect, la soûmission, & l'obéissance, tout comme le reste des créatures intelligentes. La qualité de Souverain ne le dispense pas de celle d'esclave. Qu'il sçache qu'il a un Maître infiniment élevé au dessus de luy, dont il n'est que le Lieutenant & le Ministre. Qu'il reconnoisse que c'est de la main bien-faisante de ce Souverain Maître des Rois, qu'il tient tout ce qu'il a de Majesté, de Grandeur, d'Autorité, & de Puissance. Qu'il s'accoûtume à raporter à ce premier principe tous ces glorieux avantages. Qu'il se dise à luy-même ; il faut que Dieu soit quelque chose de bien grand, puisqu'il communique tant de grandeur à un homme mortel fait comme les autres. Qu'il tâche d'exprimer en sa personne les perfections de cét Etre infiniment parfait ; & qu'il ne se contente pas de le représenter sur la terre par le caractere de sa condition, mais encore par son équité, par sa douceur, par sa clémence, & par bien d'autres endroits. Dieu seul est un modéle digne du Prince.

XVI.

Un Cyrus, un Alexandre, un César font les modéles d'un Héros Payen; ou encore, fi vous voulez, un Jupiter, un Mars, un Hercule. D'un Héros Chrétien, je le répéte, c'eft Dieu feul. Tâchés de faire goûter de bonne-heure cette grande maxime au jeune Prince. Qu'il apprène à gouverner fes Etats à-peu-prés comme Dieu gouverne le monde. Il faut pour cela travailler à luy faire une étenduë de génie, une application d'efprit, une droiture de cœur, une égalité d'ame, qui passe l'humain. Les plus petits détails ne sont pas au dessous de la Majesté, non plus que le soin des plus petites choses au dessous de la Divinité. Un Dieu qui se reposeroit sur un autre de la conduite de l'Univers, approcheroit fort d'un Dieu-Chimerique. Un Prince qui s'en raporte aux yeux d'autruy, n'est qu'un phantôme de Prince. Qu'il ait la curiosité de tout sçavoir sans être empressé. Que ses heures de travail soient aussi réglées que le lever, &

le couché du Soleil. Que rien n'en interrompe le cours, non pas même la douleur; & qu'il ait le plaisir de donner de temps-en-temps ce spectacle au monde, de voir que la foiblesse du corps ne sçauroit passer jusqu'à son esprit. Que sortant de la plus profonde méditation du Conseil, il ait le visage d'un homme qui vient de donner quelque relâche à son esprit. Que sans paroître se remuer, il donne le mouvement à tout, & que tranquille au milieu de sa Cour, il soit l'ame de toutes les autres. Qu'on ne sçache jamais rien de ses desseins que par l'exécution. Que sous des dehors ouverts il cache des secrets impénétrables. Malgré sa simplicité Dieu ne laisse pas d'être incomprehensible. Une volonté qui doit être la régle d'un nombre presque infini de volontez, ne sçauroit être trop bien réglée. Que celle du Prince soit à l'épreuve de tout. Qu'elle se déclare contre ses propres interêts si l'équité le demande. Que comme celle de Dieu, elle ne soit pas libre, ou pour approuver

ver tout ce qui est bien, ou pour condamner tout ce qui est mal. L'approbation du Prince doit être une marque infaillible qu'une chose est bonne. Il est de la grandeur des Souverains de faire des créatures. C'est en cela qu'ils imitent la Toute-puissance de Dieu, qui de rien fait quelque chose. Mais il est de leur sagesse d'en faire qui soient dignes d'eux. Quand le choix du Prince ne suppose pas le mérite, il faut qu'il le donne. Cela est difficile. Aussi n'appartient-il qu'à un Prince, qui sçait former les esprits, & communiquer à ceux qu'il admet aux Mystéres du gouvernement, quelque portion des lumieres de son génie vaste, étendu, & infini. Il n'est rien qui approche plus de la grandeur de Dieu, qu'une ame toûjours égale. Un grand cœur ne change pas facilement de situation. Que la modération soit une des Vertus dominantes du Prince, & qu'au milieu des révolutions de la vie on remarque avec une espéce d'étonnement qu'il est toûjours le même. Qu'on puisse dire de luy, qu'aucun

LE COEUR D'UN PRINCE. 243
mot fâcheux n'est jamais sorti de sa bouche, &c. Si le jeune Prince prend ces maximes pour la régle de sa conduite, il peut s'assûrer, que le nom de Grand ne sçauroit luy manquer.

XVII.

Ne vous arrestez pas là, achevez le portrait que vous devez incessamment luy mettre devant les yeux. Qu'il compréne que le hazard, la fortune, & le destin, ne sont que des termes inventez pour flater l'ignorance, & la malice des hommes ; ou plûtôt, que ce qu'on appelle destin, fortune, hazard, n'est autre chose que la Providence de Dieu, qui agissant par des voyes secretes & impénétrables à la raison humaine, nous paroît agir sans raison & par caprice. Faites luy donc sentir que c'est ce grand Dieu, qui seul préside souverainement à la fortune des Empires, qui fait leur bonne ou mauvaise destinée, & qui selon son bon plaisir les rend florissans, ou les précipite à leur ruine. Que c'est par luy que les Souverains regnent. Qu'il affermit leur Trône. Qu'il soûtient leur Couronne. Que tout chancelle dés qu'il retire sa main, &c. Qu'il est le Juge des Rois & de leur conduite. Qu'il leur demandera compte de l'usage qu'ils auront fait de l'autorité souveraine, dont il les a revêtus, & que la Pourpre ne sçauroit les mettre à couvert de la rigueur de ses jugemens.

XVIII.

Je l'ay déja dit. On ne sçauroit donner au Prince une assez grande idée de Dieu. Faites luy de temps-en-temps des Leçons sur les perfections de cét Etre infini, mais des Leçons propres à se faire goûter. Toute Leçon qui éclaire l'esprit, ne touche pas le cœur. Les occasions que le hazard fera naître de représenter quelques traits de la grandeur de Dieu, ne doivent pas être négligées. Ces conjonctures de hazard sont les plus favorables. Par ce moyen vous accoûtumerez insensiblement le Prince à concevoir quelque chose au dessus de luy. Cette haute idée de Dieu, où le cœur aura plus de part que l'esprit, sera la source d'un fonds de pieté & de Religion, que rien ne pourra détruire, & que le Prince conservera malgré toute la violence des passions. Tandis que ce fonds subsiste, il n'y a point de déréglement, d'où l'on ne revienne. Que le Prince soit ennemi déclaré de toute raillerie, qui choque tant soit-peu la Religion, & que tout le monde en soit si bien convaincu, que les impies les plus hardis n'osent toucher aux choses saintes. Que le jurement soit une chose inoüye à la

Cour. Qu'on y joue & qu'on y perde sans blasphemer. Qu'il ait du respect & de la vénération pour les plus petites cérémonies qui regardent le Culte divin, persuadé que ces petites choses en apparence cachent de grands Mystéres, que vous ne manquerez pas de luy expliquer. Tout ce qui a du raport à la Majesté de Dieu doit passer pour grand, comme rien de ce qui regarde la personne du Prince, ne sçauroit passer pour petit.

XIX.

Ces grandes véritez ne doivent pas se proposer d'une maniére abstraite & purement métaphysique. Il faut sçavoir leur donner du corps, & les rendre sensibles. Pour y réüssir, la premiere chose que vous ferez, sera de les bien pénétrer, & de vous en convaincre vous-même, de telle façon, que toutes les fois que le Prince vous entendra discourir sur cette matiére, il juge d'abord que vôtre cœur parle, & que la Morale que vous luy débitez, est une Morale que le Christianisme vous inspire, & non la Philosophie Payenne. En second lieu. Dans la retraite & dans la méditation, étudiez-vous à les concevoir sous des images vives & éclatantes, qui imposent en quelque maniere à l'esprit du Prince, & captivent son imagination malgré la répugnance de ses sens. Troisiémement. Servez-vous dans l'entretien d'expressions nobles & élevées, toûjours soûtenues d'un certain air animé, qui frappe quelquefois davantage, que tout ce que l'on sçauroit dire. En quatriéme lieu. Que châque vérité soit appuyée sur quelque exemple, que vous tirerez des évenemens de la vie. L'établissement, le progrez, & la décadence des Monarchies, vous en fourniront suffisamment; pourvû qu'en lisant l'Histoire vous sçachiez réfléchir, & entrer dans les véritables causes de ses grands effets.

XX.

Ces véritez ainsi proposées auront tout l'effet que vous souhaitez, c'est-à-dire, produiront dans le cœur du Prince les sentimens qu'il doit avoir à l'égard de Dieu. Car en étant une fois convaincu, il se conservera dans la soûmission & la dépendance. La grandeur, qui l'environne ne l'empêchera pas de sentir intérieurement sa propre bassesse, & tandis qu'il s'entendra nommer, le Maître du monde, le Dieu de la terre, &c. Il fera un aveu sincére de son néant. Ainsi il sera humble jusques sur le Trône, & fera voir que l'humilité Chrétienne n'est pas incompatible avec la Souveraineté,

On luy verra donner par tout des marques d'une pieté solide. L'Atheïsme sera bani de sa cour. Les plus impies seront obligez d'avoüer qu'il y a un Dieu, par la posture respectueuse qu'ils verront tenir à leur Prince dans les lieux saints. Il se piquera de faire regner Dieu dans ses Etats, & dans le cœur de ses sujets. Il soûtiendra avec autant de force les Loix du Christianisme que celles de son Royaume. La Religion qu'il a reçûë de ses Ancêtres luy sera plus chere que sa Couronne. Aussi n'épargnerat'il rien pour l'établir dans tous les lieux de son Empire. Il sçaura prendre un certain tempérament de douceur & de force à qui rien ne sera capable de résister. On aura beau publier que le nombre de ses sujets diminuë, il ne voudra compter parmi ses fideles sujets, que les vrays enfans de l'Eglise de Jesus-Christ. Il étendra même son zéle jusques dans les païs les plus éloignez, & s'estimera plus glorieux de gagner un Royaume à l'Evangile, que de le soûmettre à sa domination. C'est sur sa Religion qu'il formera tout le plan de sa politique, faisant servir la politique à l'aggrandissement de la Religion; & jamais la Religion aux desseins de la Politique. Qu'il donne la paix, qu'il fasse la guerre, il se souviendra qu'il est Prince Chrétien, & que la qualité de Chrétien, doit toûjours l'emporter sur celle de Prince & de Conquérant.

XXI.

En même-temps que vous inspirerez au Prince, les

sentimens qu'il doit avoir à l'égard de Dieu, je veux que vous luy inspiriez ceux qu'il se doit à luy-même, & qu'il ne peut se refuser sans injustice. Vous ne viendrez jamais à bout d'un point si difficile, sans luy avoir donné auparavant une vraye connoissance de luy-même. Commencez donc par là, & n'oubliez rien pour faire en sorte que le Prince se connoisse. Il y aura des obstacles à surmonter. Comme tous ceux qui l'approchent, ne cherchent qu'à luy plaire, ils luy font des peintures si belles

belles & si flateuses, de ce qu'il est, ou plûtôt de ce qu'il n'est pas, qu'il s'imagine aisément être tel, qu'il se voit représenté. Tout est grand, tout est héroïque en luy jusqu'à ses foiblesses. On métamorphose ses défauts en vertus, & ses inclinations quelque mauvaises qu'elles soient, sont autant de glorieux penchans, qui ne se trouvent que dans les ames bien nées.

XXII.

J'avoüe que c'est une espéce de charme, dont la pluspart des Grands ne se

L'Art de former défendent que tres-difficilement. Il faut pourtant mettre tout en œuvre pour en garantir le jeune Prince. Tandis que son âge vous permettra de ne luy rien déguiser, faites-luy bien comprendre, que pour être au dessus des autres, il n'en est pas moins homme. Qu'il a un esprit sujet à l'erreur, & qu'il n'est pas infaillible dans ses jugemens. Qu'il a un cœur porté au mal, & que sa volonté, quoyque Souveraine, peut être quelquefois injuste. Que le vice, quelque part qu'il soit, est toûjours vice, & que s'il ne l'entend pas blâmer en sa personne, il n'en est pas pour cela moins blâmable. Que sa qualité ne sert qu'à rendre ses défauts plus visibles & plus éclatans, &c. Apprenez-luy à séparer l'homme d'avec le Souverain, & à ne confondre pas la grandeur de l'un avec la bassesse de l'autre. Accoûtumez-le à se regarder luy seul dépoüillé, pour ainsi dire, de tout ce qui luy est étranger. Dans ce point de vûë, il se verra tel qu'il est, & non pas tel qu'on veut le faire. S'il a des foiblesses, il les remarquera, & se faisant justice à luy-même, il n'aura pas beaucoup de peine à se persuader, que les éloges pompeux qu'on luy donne, s'adressent bien moins à sa personne, qu'à son rang. Par ce moyen il démélera le vray du faux. Il évitera l'entêtement & la présomption, & se tiendra toûjours dans les justes bornes que la raison prescrit.

XXIII.

Prétendre qu'il n'y ait point de flateurs auprés des Princes, ce seroit vouloir l'impossible. Il y en a toûjours eu, & il y en aura toûjours. Entre Courtisan & Flateur il n'y a pas beaucoup de différence. Personne à mon sens n'est plus propre à distinguer les Flateurs, que celuy qu'on flate. Il n'a qu'à se consulter, & se dire à luy-même. Les qualitez qu'on m'attribuë se trouvent-elles chez-moy. Si elles n'y sont pas, c'est flaterie. Si elles y sont, c'est loüange. Et voilà ce que le Prince doit se demander à luy-même de temps-en-temps: La flaterie receüe comme il faut, peut servir ou d'un sujet d'humiliation, ou d'un motif à bien faire. Un Prince ne doit pas aimer les loüanges, il ne doit pas les haïr, mais il doit les souffrir, & les regarder comme une espéce de croix attachée à sa condition. En effet, il n'y a guére rien de moins plaisant à un grand cœur, qui ne soûpire qu'aprés la véritable gloire, que d'être continuellement exposé aux éloges. Et je trouve qu'il y a quelquefois autant de mérite à s'entendre loüer patiemment, qu'à s'entendre blâmer sans dire mot.

Ce n'est pas un petit point d'instruction, que d'apprendre au jeune Prince, comment il doit recevoir les loüanges. Qu'il ne préne jamais pour luy que ce qu'il voit bien luy appartenir. Qu'il rabate toûjours quelque chose des éloges qu'on luy donne. Ordinairement il y a du trop. Qu'il pense, non pas tant à ce qu'on dit de luy, qu'à ce qu'on en dira un jour. Les siécles à venir peuvent donner de fort bonnes leçons, aussi bien que les siécles passez. Il seroit à souhaiter que les morts entendissent ce qu'on dit d'eux. La plufpart feroient bien furpris, & auroient de la peine à fe reconnoître. Mais nous, qui entendons comme on parle de ceux qui ne font plus, nous devons nous imaginer, que quand nous aurons difparu, on ne nous traîtera pas plus favorablement. Les véritez ne fe difent que quand on n'eft plus en état d'en profiter. Il femble que la vérité ne foit pas faite pour les Princes: après un certain temps s'ils n'ont affez de pénétration d'efprit pour la découvrir par eux-mêmes, ils sont en danger de l'ignorer toute leur vie. C'est ce danger que vous devez représenter au jeune Prince, afin qu'il le craigne, & qu'il tâche de l'éviter. Un des meilleurs avis que vous puissiez luy donner, est de regarder presque tous ceux qui l'approchent comme autant de gens qui ont quelque interest à le tromper, & par conséquent à se déguiser eux-mêmes, & à luy déguiser bien d'autres choses. Il y a icy une extrémité à craindre, prenez-y garde. C'est que vous ne jettiez par là l'esprit du Prince dans une espéce de défiance, qui est le caractere d'une ame peu élevée. Il y a une défiance qui est sagesse, il y en a une qui est foiblesse. Distinguez l'une de l'autre. Le Prince doit être défiant en homme circonspect & sage, mais nullement en homme timide & irrésolu.

XXIV.

Outre cela, dites-luy de quel œil il doit considérer tous ces dehors de Grandeur qui l'environnent, cette foule de Courtisans qui l'assiégent, ces soûmissions, ces respects, ces adorations qu'on luy rend, &c. Que par un sentiment de générosité digne d'un Héros, il se mette au dessus de toutes ces choses, & que par tout l'homme paroisse en luy plus grand que le Souverain, &c. Un Prince, qui n'est grand que par ces endroits, est un fort petit Prince. Sa personne ne doit pas luy être moins sacrée qu'elle l'est aux autres. Qu'il se regarde comme la plus parfaite copie de la Divinité, comme le dépositaire de la Majesté &

de l'Autorité d'un Dieu, comme l'Oinct du Seigneur, ainsi que parle l'Ecriture; afin que dans cette vûë, il ait pour luy-même une espéce de vénération, & qu'il ne fasse jamais rien qui ne sente celuy dont il est l'image. Qu'il soit toûjours attentif à luy-même. Qu'il mesure ses actions, ses paroles, ses mouvemens, persuadé qu'on l'observe, & qu'on ne l'épargne pas. C'est un assez pesant fardeau de la Royauté, que d'être exposé aux yeux de tout le monde, & de ne rien dire, ny rien faire, qui ne doive passer par le jugement & la censure d'une infinité de gens, dont l'esprit, l'humeur, & l'inclination sont si différentes. Mais le Prince doit en sçavoir tirer son avantage, car il faut que les yeux que tout le monde a sur sa personne, luy imposent l'heureuse nécessité d'être irréprochable.

XXV.

Quelque incompatible que paroisse la vie du Prince avec le repos de la solitude, cela ne doit pas l'empêcher de goûter de temps-en-temps le plaisir qu'il y a être seul. Une ame héroïque n'est jamais plus contente que quand elle est seule. Alors uniquement occupée d'elle-même elle sent sa propre grandeur ; & il faut avoüer que ce sentiment a quelque chose de bien doux. Ces momens de retraite & de solitude sont les plus prétieux de la vie, lors qu'on sçait les employer. Vous apprendrez au Prince l'art de s'occuper de soy-même, & de vivre un peu avec soy-même. Ne vous contentez pas d'une instruction générale, venez au détail, & marquez-luy toutes les réfléxions qu'un Prince doit faire, quand il est éloigné de la foule. Ces réfléxions sont infinies, il faut sçavoir les réduire. Les unes doivent rouler sur le passé, les autres s'attacher au présent, & une partie s'étendre sur l'avenir. C'est dans cét heureux éloignement, où le Prince reconnoîtra que son ame est faite pour quelque chose de plus grand, que la Couronne qu'il porte. Où il sondera en quelque façon cét abisme du cœur humain que rien ne peut remplir, & où il sera forcé d'avoüer avec le plus sage de tous les Roys, qu'aprés s'être tourné de tous côtez, il n'a trouvé par tout que vanité, & affliction d'esprit, &c. Ce que nous appellons grand dans le monde, ne l'est que par rapport à ceux qui le voyent & qui ne le possédent pas. Ceux qui en joüissent, en sentent le vuide. De là vient qu'à proprement parler, il n'y a que le Prince qui puisse juger comme il faut de la vanité des grandeurs humaines. Les autres hommes

mes en jugent par idée, le Prince par sentiment. Il n'y a personne qui estime moins la grandeur, que celuy qui est grand. On cesse de se croire grand, dés qu'on l'est devenu. Tout cela suppose un Prince qui sçait réfléchir, & faire un bon usage de sa raison.

XXVI.

C'est une nécessité inévitable aux Princes, de se dégoûter de tout ce que le monde paroît avoir de plus charmant. A force de sentir, ils deviennent insensibles ; & leur ame pour avoir été trop remuée, tombe dans un état, où elle est incapable de l'être. Vous aurez de la peine à faire comprendre ce point de Morale au jeune Prince. Quand on est sans expérience, on s'imagine que ce qu'on n'a pas encore goûté est toûjours le meilleur. Ayez soin de luy représenter l'état d'un Prince, qui aprés des mouvemens infinis est enfin réduit à chercher au dedans de luy-même quelques momens de repos. S'il ne trouve au fonds de son cœur de quoy se contenter, il est malheureux : mais on n'y trouve que ce qu'on y a mis. Cela seul doit l'obliger à se faire un cœur, qui puisse luy servir de ressource dans ces temps fâcheux de la vie où tout nous déplaît. C'est alors qu'une grande ame se déclare & fait voir ce qu'elle est. Pendant les premiers transports que les objets produisent dans les Princes, on peut dire qu'ils ne se sentent pas. Ce n'est qu'aprés que le calme est revenu, qu'ils commencent à sentir ou leurs vertus ou leurs foiblesses.

XXVII.

Il est naturel aux Princes de s'imaginer que tout le Genre humain est fait pour eux, & qu'ils ne sont faits pour personne. Cependant si le Peuple est obligé de contribuer à la gloire & à la grandeur du Prince, le Prince doit de son côté employer tous ses soins pour procurer le repos & le bon-heur du Peuple. C'est un devoir réciproque, & également indispensable. Vous trahiriez vôtre Ministére, si vous flatiez le jeune Prince sur ce point, & ce seroit l'abuser, que de ne pas l'instruire de ses véritables obligations à cét égard. Représentez-luy, qu'il est plus à son Peuple qu'à luy-même. Que toutes ses pensées, tous ses desseins, doivent tendre au bien de ses Sujets. Que quelque amoureux qu'il soit de la gloire, il doit la sacrifier volontiers, quand il y va de leur intérest. Que ce n'est plus une véritable gloire, quand il faut, que pour y monter, des sujets malheureux servent de degré. Qu'un Prince ne doit rien tant avoir à cœur que de se faire aimer. Que l'amour des Peuples est le plus agréable de tous les tributs. Qu'on craigne un Souverain, ce n'est pas merveille, mais qu'on l'aime, la chose est assez rare. Qu'il doit se dépoüiller quelquefois de sa grandeur, pour se rendre plus aimable. Qu'un grand Prince ne paroît jamais plus grand, que quand il s'abbaisse. Mais que de sçavoir s'abbaisser sans bassesse, est un secret que peu de gens sçavent, & qu'il est bon que le Prince n'ignore pas. Que son cœur soit plein de tendresse, & de compassion. Que la dureté & l'insensibilité n'en approchent jamais. Que son visage soit le siége de la douceur aussi-bien que de la Majesté. Que la misere ne soit point une raison pour ne pouvoir pas l'aborder; au contraire, que les malheureux trouvent auprés de luy un accez facile, & qu'ils n'en partent jamais, sans se croire moins malheureux. Que sa seule vûë fasse des heureux. Pour moy je vous avoüe, que je n'ay jamais compris d'une maniére plus sensible, comment la vûë de Dieu dans le Ciel fait le souverain bon-heur, que par le plaisir que j'ay eû à voir le Roy. Je ne me serois jamais lassé de le regarder. Plus je le regardois, plus ma curiosité s'augmentoit. C'est le propre des grands objets de n'ennuyer jamais. Je sentois un certain plaisir qui dégeneroit en ravissement & en extase. Je n'avois jamais senti rien de semblable, & je ne pense pas qu'on puisse naturellement goûter un plaisir plus pur.

XXVIII.

L'amitié des Princes peut bien faire des favoris, mais elle ne doit jamais faire des égaux. Entre le Prince & le Favori il doit toûjours y avoir une fort grande distance. L'amitié exige certains devoirs des particuliers, dont les Souverains sont dispensez. Vous ne devez pas laisser le jeune Prince sans instruction sur un point aussi important que celuy-ci. Je sçay bien qu'il seroit à souhaiter qu'un Prince pût vivre sans Favoris : ce seroit un vray moyen de diminuer le nombre des jaloux & des mécontens: mais cela est presque impossible; & il ne faut pas qu'un Maître se flate d'en venir à bout. Dans le choix d'un Favori l'inclination n'est pas la seule régle qu'on doit consulter. Qui choisit par inclination s'expose à faire un mauvais choix. La raison doit être toûjours la maîtresse du cœur, & le mérite le fondement de la faveur. Aprés le choix que le Prince aura fait de quelqu'un, il faut que tout le monde puisse dire, qu'on ne pouvoit pas choisir mieux. Expliquez au jeune Prince toutes les qualitez que doit avoir un sujet, pour mériter d'estre élevé à l'auguste qualité de Favori. Je ne vois rien de plus grand selon le monde que d'être aimé de son Prince, je ne vois rien aussi qui demande un mérite plus éclatant. Le Prince peut répandre ses bien-faits sur ceux qui ne les méritent pas, mais il ne doit donner son amitié qu'à ceux qui la méritent; semblable en cela au Souverain Maître du monde, qui ne laisse pas de faire du bien à ceux-là mêmes qui en sont indignes. Un Favori n'a rien tant à craindre que d'être trop favorisé. S'il est sage, il sera le premier à mettre des bornes à sa faveur. Une trop grande élevation ne sçauroit subsister long-temps, & une faveur outrée est un commencement de disgrace. Cela veut dire, que si le Prince souhaite de conserver son Favori dans cét heureux état, il doit luy ménager ses graces. Ne le placer jamais dans un lieu si élevé, qu'il ne puisse toûjours le faire monter plus haut. Il n'y a point de milieu. Quand un Favori ne peut plus monter, il faut qu'il defcende. Le Prince ne doit pas trop compter fur la difpofition préfente de fon cœur. Il faut fi peu de chofe pour luy faire prendre une nouvelle fituation, bien fouvent il change par le feul plaifir qu'il a à changer. Le paffage de l'amitié à l'indifférence, & de l'indifférence à la haine fe fait prefqu'en un moment. Comme cette feule réfléxion eft capable de tenir toûjours le Favori dans la modeftie, elle doit auffi infpirer au Prince une efpéce de réserve & de défiance qui l'oblige à ne pas trop se découvrir. Il y a des secrets qu'il ne doit confier qu'à luy-même, & que l'amitié, quelque grande qu'elle puisse être, ne doit jamais luy arracher; dans la crainte qu'il ne vienne un jour à se repentir de s'être trop fait connoître. C'est un trait de prévoyance d'aimer les gens de telle maniére qu'on ne soit jamais réduit, quelque changement qui arrive, à craindre ceux qu'on a aimez.

XXIX.

Un Prince ne doit jamais punir qu'à regret, mais il doit toûjours récompenser avec plaisir, condamner par nécessité, & faire grace par inclination. Je veux bien qu'il se fie à peu de gens, mais je ne veux pas qu'il paroisse se défier de personne. Qu'il ne se laisse pas prévenir aisément, persuadé que quiconque juge par prévention, court grand risque de se tromper. Qu'il ne donne jamais entrée aux soupçons, s'ils ne sont bien fondez. Une grande Ame n'est jamais soupçonneuse. Que le mérite soit toûjours bien venu auprés de luy, & que la faveur suive de fort prés le mérite. Quelque maître qu'il soit de ses graces, qu'il ne les répande qu'avec mesure, & sans être bien sûr, où il les place. Qu'il se donne bien de garde d'abandonner le gouvernement au gré de ses Ministres, qui quelquefois songent bien moins à l'utilité publique qu'à leur avantage particulier. Qu'il leur communique son autorité sans en en rien perdre. Qu'il ait cette glorieuse ambition, de vouloir être le Maître, & de passer pour tel. Quand le Peuple est une fois prévenu, que le Prince gouverne, il porte sans murmurer & sans se plaindre le joug de la domination, &c. Je ne sçaurois assez recommander à celuy qui sera chargé de l'éducation du Prince, de luy rendre ces Maximes les plus sensibles qu'il se pourra. Mais après y avoir bien pensé, je trouve que le moyen le plus sûr & le plus efficace, est d'en démon-

290 L'ART DE FORMER, &c.
trer la néceffité & l'importance, par les faits de l'hiftoire bien ménagez, & appliquez à propos, felon la méthode que nous avons rapportée dans la premiere Partie de cét Ouvrage.

P. Serin del.　　　L. Boudan f.

Extrait du Privilege du Roy.

PAR Grace & Privilege de Sa Majesté, donné à Fontainebleau, en datte du 16. Octobre 1687. il est permis à PIERRE ESCLASSAN, Marchand Libraire à Paris, de faire imprimer, vendre & débiter par tout nostre Royaume, & lieux de nostre obeïssance, pendant le temps de huit années entieres & consecutives, un Livre intitulé, *L'Art d'Elever un Prince*. Et défenses sont faites à toutes personnes de quelque condition qu'elles soient, de l'imprimer ou faire imprimer, vendre ny débiter, sans le consentement dudit Esclassan, à peine de trois mille livres d'amende, & autres peines portées plus au long par lesdites Lettres de Privilege.

Registré sur le Livre de la Communauté des Imprimeurs & Libraires de Paris, le 21. Novembre 1687. suivant l'Arrest du Parlement du 8. Avril 1653. Celuy du Conseil Privé du Roy, du 27. Février 1665. Et l'Edit de Sa Majesté donné à Versailles au mois d'Aoust 1686.

J. B. COIGNARD, Syndic.

Achevé d'imprimer pour la premiere fois, le 29. Novembre 1687.

De l'Imprimerie de la Veuve de
CLAUDE THIBOUST.

www.ingramcontent.com/pod-product-compliance
Lightning Source LLC
Chambersburg PA
CBHW071334150426
43191CB00007B/722